François-Guillaume Lorrain

Le Temps des trahisons

© XO Éditions, 2023
ISBN : 978-2-37448-580-5

« La politique consiste à rendre possible
ce qui est nécessaire. »

« Avec deux lignes d'écriture d'un homme,
on peut faire le procès du plus innocent. »

« Il faut faire croire aux Français qu'ils sont libres.
Alors, ils vous obéiront, sinon,
ils ne penseront qu'à vous échapper. »

Armand Jean du Plessis,
cardinal de Richelieu

Avant-propos

L'année 1639 en est à son troisième mois. Le roi Louis XIII et son ministre, le cardinal de Richelieu, forment un attelage tel que la France n'en a jamais connu. Depuis plus de quinze ans, ils dirigent à quatre mains un pays indocile. Une stabilité inédite qui ne va pas sans des désaccords entre eux de nature à la fragiliser. Le souverain se plaint et se félicite tour à tour d'être conseillé par un politicien si fin mais si impérieux. Le cardinal désespère de se faire entendre d'un monarque lointain et imprévisible. Ils voudraient parfois faire cavalier seul et pourtant leur union se prolonge, l'un étant le garant de l'autre.

En 1635, le royaume est entré tardivement dans la ronde meurtrière d'une guerre qui ravage l'Europe. L'objectif est d'agrandir le territoire au nord comme au sud, aux dépens d'une Espagne qui est l'ennemie privilégiée de la France. Ambition noble mais ruineuse. À l'intérieur des frontières, d'autres ennemis font poindre vers ce gouvernail une menace aux multiples visages : des princes du sang, de grands seigneurs, rebelles à la férule du cardinal qui entend imposer une raison d'État et un pouvoir plus solide dans ses charpentes. Convaincus de pouvoir encore renverser le cours des choses, ils sont aux aguets d'une revanche.

C'est à ce dernier acte fort indécis du règne de Louis XIII que la Cour s'apprête à assister. Les deux protagonistes, le roi et son ministre, devinent que leurs forces vont bientôt décliner. Le crépuscule approche. Tandis qu'un nouvel astre s'annonce dans tout l'éclat d'une jeunesse et d'une beauté propres à rompre tous les équilibres.

Où l'on fait connaissance

— Non, je vous ai dit non, et ce sera non.

Intrigué par cet éclat de voix, le jardinier qui nettoie la pièce d'eau du château de Chilly relève la tête. Il a reconnu son maître, Henri de Cinq-Mars, qui vocifère au pied du perron.

— « Non »... N'avez-vous donc que ce mot à la bouche ?

L'homme qui a posé la question, sur un ton plus doux, est revêtu d'une soutane rouge. Il porte une calotte, a le profil d'un aigle et les joues creusées.

— « Non », poursuit-il, est un mot pour ceux qui s'effraient de la nouveauté. Dire « non », c'est rejeter l'audace, fuir devant le moindre danger.

Son débit s'est accéléré. Le cardinal de Richelieu, puisqu'il s'agit de lui, croit bon d'ajouter :

— Est-ce d'ailleurs un mot, sinon pour les lâches ?

Le jeune homme se cabre. Il connaît d'autres mots, et si on le force à les dire, on verra qu'il est tout sauf un lâche.

Le ministre de Louis XIII se frotte le menton, signe chez lui de forte contrariété. Il se fait cependant violence.

— Très bien, je vous écoute.

Mais le collet de daim qui recouvre les épaules de Son Éminence dégage une odeur suspecte. Henri recule d'un pas et son regard se perd au loin, vers le bosquet où il a jadis enseveli le cœur de son père, le glorieux maréchal d'Effiat. La pensée de cette relique exalte son courage.

— Pourquoi me jeter entre les pattes du roi ?
— Le roi n'est pas un chien.

La riposte a cinglé Cinq-Mars, qui baisse les yeux. Voilà qui est mieux. Le ministre se radoucit et reprend :

— Le roi est d'une apparence un peu austère, que vous pourriez corriger par vos conseils d'élégance. « Grand maître de la garde-robe », le titre n'est pas à négliger.

Henri se rengorge. Il a du goût et le sait. C'est de batailles cependant qu'il rêve, non de pourpoints. S'il est impatient de frapper les trois coups dans sa vie, il veut, pour ses premiers pas, décider de la scène et de son décor. Seulement cette vie semble déjà appartenir à Richelieu, qui à la mort du maréchal d'Effiat, l'un de ses plus proches ministres, a fait le serment à sa veuve de favoriser la carrière de son fils.

— De votre famille, vous êtes le plus alerte, le plus engageant.

Avant d'être cardinal, Richelieu a été courtisan. La caresse toutefois ne suffit pas. Henri juge le souverain triste et ombrageux. Le cardinal l'arrête : il apprendra à découvrir le monarque, à devenir son ami.

Jusqu'où vont ces amitiés ? Ne dit-on pas que le roi aime parfois *violemment* ? Cinq-Mars a souri de manière ambiguë.

— Le roi ne saurait être violent. Et ses favoris ne sont pas des mignons. Sa Majesté a des sentiments, mais qui n'en a pas ? Patience ! Le pourpoint mène à tout.

Ce « tout » allume une lueur dans les yeux de Cinq-Mars, qui s'emplissent de femmes, de titres, de privilèges. La garde-robe ne sera peut-être qu'une antichambre. L'insistance du ministre, la perspective d'une proximité royale lui montent soudain à la tête. N'a-t-il pas espéré parfois qu'on vienne un jour lui montrer le chemin de la Cour ? Il acquiesce enfin du bout des lèvres.

Une main dans le dos, Son Éminence abaisse le pouce. C'était le signal convenu. Cette brève conversation a été suivie de loin par la marquise d'Effiat, dissimulée dans l'encoignure d'une fenêtre. Si son fils n'avait pas cédé, elle aurait surgi sur le perron pour le menacer de lui couper les vivres. Son orgueil de veuve lui interdit toute indulgence, même pour ce dernier enfant qu'elle a confié au cardinal. Elle approche lentement, le visage sévère, incapable de savourer sa victoire.

— Madame, votre fils n'a pas dit « non ».

La marquise hoche le menton.

— Henri, vous avez écouté la voix de la raison, votre avenir est assuré.

Le sien aussi. Le cardinal toise la mère et l'enfant.

— Saluons, madame, le nouveau grand maître.

Henri ne saisit ni l'ironie de ce titre ni la satisfaction du politique parvenu à ses fins : recruter des gens pour en disposer à la Cour comme on déplace des pions sur un échiquier.

Le cardinal prend congé. Il annoncera la bonne nouvelle au roi. Le jeune homme embrasse du regard les jardins et les bois dont il a rêvé si souvent de s'échapper. Dans quelques semaines, il fêtera ses dix-neuf ans, sans doute à Paris. Quand il baise la main du cardinal qu'il a raccompagné à son carrosse, il semble avoir oublié son premier refus.

La main ferme de sa mère s'est posée sur son épaule. Henri se dérobe et se lance à la poursuite de la voiture, qui emporte son destin vers Saint-Germain. Mais son occupant ne s'en aperçoit même pas. D'autres affaires l'absorbent déjà.

Où l'on récite diverses poésies

Paris n'est qu'une vaste hôtellerie. On ne compte plus les aubergistes, les taverniers, les marchands de vin à pot. Mais la nouvelle mode est au cabaret qui fournit nappes, serviettes, vins fins de Beaune, d'Irancy, d'Anjou, et, surtout, viandes rôties. Coiffier, rue du Pas-de-la-Mule, est réputé pour son pâté de béatilles, un délice de croûtes dorées, truffées de ris de veau et de crêtes de coq, dont Henri a commandé un grand plat pour célébrer dignement son anniversaire.

— *Telle la jeune vierge, vous voilà semblable à la rose qui, en son beau jardin, repose solitaire et en sûreté dans son buisson natal...*

Pour se faire entendre dans le brouhaha du cabaret, Cinq-Mars s'est penché vers le corsage entrebâillé de sa voisine. S'il fréquente les lieux, c'est aussi pour les jolis cœurs qui s'y retrouvent. Déjà il fuit la cour de Saint-Germain, où il vient pourtant d'accomplir des débuts réussis. Sa bouche charnue a retenu l'attention, ses yeux verts, sa taille avantageuse et, bien sûr, son pourpoint rouge sang, ses hauts-de-chausse bleus, les plumes de son chapeau – autant d'attributs qui font de lui un nouveau maître de la garde-robe tout aussi honorable que son prédécesseur.

— *La vierge qui laisse cueillir la fleur dont elle doit avoir plus de souci que de ses beaux yeux et de sa propre vie, perd dans le cœur de tous ses autres amants le prix qu'auparavant elle avait.*

À qui l'entretient de sa fleur, sa voisine sait parler pareillement botanique. Mlle de Chémerault n'a pas encore dix-neuf ans, mais l'art du badinage n'a plus de secrets pour elle. Cette vivacité et un visage piquant lui tiennent lieu de dot. Elle n'ignore rien du tableau qui énumère les revenus des maris auxquels ont droit les jeunes filles selon leur fortune. La sienne est bien maigre et, pour la favoriser, elle s'est signalée à Mme de Hautefort, la maîtresse du roi. Henri l'a appris. Lui aussi apprend vite.

— Louise, si nous empruntions moins de détours ?

— Henri, je pensais que le cardinal vous avait inculqué le goût de l'effort.

— Laissez Son Éminence, qui a d'autres soucis que ma personne.

Cinq-Mars prend du bon temps. Pourquoi venir le lui gâcher en évoquant son protecteur ?

— Ce n'est pas ce qu'on murmure depuis qu'on vous a nommé à la garde-robe.

Les traits du marquis se figent.

— Et que murmure-t-on précisément ?

Louise porte à ses lèvres un verre d'irancy qu'elle vide à petites gorgées. Tous les hommes, songe-t-elle, se ressembleraient-ils par leur vanité ?

— On prétend...

Il restait encore un peu de vin.

— Oui, que prétend-on ?

— Que Son Éminence ferait parler de vous à l'oreille du roi.

Le jeune homme hausse les épaules.

— Quand j'ai été présenté au souverain, c'est à peine si celui-ci m'a accordé un regard.

— En avez-vous été blessé ?

— Nullement. Si les efforts de Son Éminence sont ceux que vous décrivez, ils sont inutiles. Je ne suis pas destiné à cette charge. Et puis...

Il laisse sa phrase en suspens, soudain rêveur.

— « Et puis » ? On ne dissimule pas ses pensées à la demoiselle à qui on a juré d'offrir son cœur.

Cinq-Mars se mord les lèvres. Mais l'arrivée de son ami Henri de Ruvigny le dispense de toute explication. Un marquis lui aussi, d'une famille liée par les affaires à la sienne.

— Mon sauveur !

— Et de quoi peut-on bien te sauver quand te voilà en si galante compagnie ? Mademoiselle de Chémerault, vous n'avez rien contre un second Henri à votre table, prénom qui a déjà donné quatre jolis rois à la France ?

Ruvigny est un beau parleur, il prend plaisir à faire résonner les mots comme s'il venait de les inventer.

— Si vous vous adressez à moi comme à une reine...

Ils ont de l'esprit, ces jeunes gens insouciants. La soirée promet d'être excellente.

— Me diras-tu enfin à quelle affreuse embuscade je t'ai soustrait ?

Louise prend les devants.

— Votre ami feint d'avoir des secrets pour moi, qui ne concernent pas les sentiments qu'il me porte, mais les faveurs que Son Éminence a pour lui.

— Eh, eh, s'écrie Ruvigny qui a attrapé au vol une chope emplie de bière anglaise, les faveurs du cardinal de Richelieu sont comme les cartes d'un jeu : si l'on veut en connaître la valeur, il faut les retourner. Ta nomination, j'avoue que je n'en suis toujours pas revenu. Toi, l'arbitre des élégances, t'occuper d'un souverain qui a signé des édits condamnant la somptuosité des toilettes. Ton Éminence t'a expédié aux enfers de la défroque.

— Mais Henri a des gens qui parlent de votre ami au roi.

Cinq-Mars tend l'oreille. La source de Mlle de Chémerault doit être son amie Mme de Hautefort. Source sûre. Ainsi donc on prononce son nom en présence du monarque ! Il se revoit un mois plus tôt dans les jardins de Chilly lorsque le cardinal a surgi de Saint-Germain. Voilà qu'à présent on y chuchote son nom. L'appelle-t-on le marquis de Cinq-Mars ? M. d'Effiat ? le fils du maréchal d'Effiat ?

— Louise, je ne vous crois pas.

L'ambition le tenaille comme la faim, mais il doute de sa bonne fortune. Ou peut-être cherche-t-il, en la réfutant, à l'entendre confirmée.

— Mme de Hautefort a ses serviteurs, qui lui rapportent les propos à son égard qu'on tient à Sa Majesté. Il lui faut connaître ce que les gens du cardinal insinuent dans son dos et il nous revient un peu de tout.

— Les filets de pêche ramènent gros poisson et menu fretin, pontifie Ruvigny. Tous mes vœux, mon cher

Henri. Ce soir, tu as dix-neuf ans. Mais, attention, la Cour courbe les dos, donne des ulcères, creuse les rides. Sauras-tu préserver ta jeunesse ?

Cinq-Mars lui lance un regard qui ne laisse aucun doute sur la réponse.

— Comment comptez-vous assurer votre charge ? demande Louise, déjà curieuse.

— Je ne serai pas le bon chien que le cardinal attend que je sois. Il me veut obéissant, je serai insoumis. Il me veut respectueux, je serai insolent. Croyez-moi, je ne resterai pas longtemps à la garde-robe.

— Le jeune chien mord déjà sa laisse, persifle Ruvigny en s'esclaffant.

— Tu ris à tes propres mots d'esprit ?

— Eh là !

Son compagnon est susceptible. Doux sous la caresse, rebelle à l'éperon.

Des éclats ont fusé à la tablée voisine. Un quatrain a fait mouche. Comme Ruvigny s'est retourné, on reprend pour lui :

— *Ci-gît un roi qui, sous un prêtre, / Joua son indigne rôlet ; / Il eut cent vertus de valet / Et pas une vertu de maître...* Qu'en dites-vous ?

— Drôle, très drôle..., chuchote Ruvigny qui se pique aussi de poésie. Mais très dangereux.

Henri a blêmi en se représentant la position suggérée. Mlle de Chémerault, qui a elle aussi de l'imagination et même un peu d'expérience, sent que ses joues se sont empourprées.

— Ne trouves-tu pas le tableau réaliste ? s'informe Ruvigny.

— Le « rôlet », je l'admets, n'est pas commun, répond Henri prudemment.

— Considérez cela comme un compliment, lance Ruvigny au déclamateur.

— Et que pensez-vous du suivant ? enchaîne celui-ci, encouragé. *Ceux qui flattent Son Éminence / De la vertu de continence / Prennent, je crois, leur fondement / Sur cette maxime qu'à Rome / Un prélat passe pour un saint homme / Qui fait l'amour secrètement.*

Un silence glacé accueille le sizain. Aux alentours, on a des extinctions de voix. Prononcer le nom de Son Éminence a suffi pour que son ombre plane, menaçante. Certains se dévisagent, les yeux écarquillés. D'autres balaient la salle, de peur que l'épitaphe ne soit tombée dans des oreilles indélicates.

Henri balance entre la crainte et un air bravache. Dans le doute, il prend une mine stupide. Ruvigny affiche un sourire gêné. Quant à Mlle de Chémerault, elle se tord les mains sous la table, ayant eu à connaître l'*incontinence* de Son Éminence, qui lui a fait miroiter de manière pressante les avantages à espionner pour son compte son ennemie, Mme de Hautefort. Les vers innocents de l'Arioste qu'Henri a déclamés tout à l'heure lui reviennent en mémoire : *La vierge qui laisse cueillir la fleur dont elle doit avoir plus de souci que de ses beaux yeux et de sa propre vie...* Elle se tourne vers Cinq-Mars, qui la fuit. Ruvigny semble s'être vidé de son sang. Un mauvais sort a figé ces beaux esprits ; la soirée est gâchée.

Le Temps des trahisons

Des cloches qui résonnent dans le lointain secouent leur torpeur : Notre-Dame annonce le couvre-feu de onze heures. Leurs agapes se prolongent d'ordinaire bien au-delà, mais ce soir, le cabaretier, qui a tout entendu, les chasse, avec les autres convives, sur le pavé du Pas-de-la-Mule. Dans la pénombre, un homme gesticule, une torche à la main. Il s'approche et donne à voir aux trois amis sa figure repoussante déformée par un œil crevé.

— Redoutez le châtiment ! leur lance-t-il tandis que son regard borgne fixe le ciel étoilé.

Puis il disparaît au coin de la rue, englouti par la nuit.

Où le roi est
dans un mauvais jour

— Nous n'irons pas plus loin.

Aux premières lueurs de l'aube, Louis s'en est allé chevaucher en forêt du Vésinet. Il y traque le gibier pour chasser ses idées noires. Mais ce matin, courir les lièvres ne lui dit rien. Les aboiements de ses chiens d'Écosse ne lui procurent plus de joie, les secousses de son cheval l'indisposent et, parvenu au lieu dit de la Table de la trahison, il vient de donner le signal du retour à son grand veneur, le prince de Rohan.

— La meute n'a pas eu son gibier, écoutez comme elle gronde.

Le roi tend l'oreille, puis secoue la tête. Son corps gronde plus fort et lui intime l'ordre de rentrer.

— Hier, nous avons dû subir encore deux lavements. Purge et saignée : mon médecin ne connaît pas d'autres remèdes. Ce n'est pas un médecin, c'est un boucher. N'importe quel bourgeois est mieux soigné que moi.

Le prince incline la tête.

— Votre Majesté, puisque telle est votre volonté. Le temps, il est vrai, se refroidit et il ne fait pas bon s'attarder dans cette clairière de sinistre mémoire.

Le grand veneur fait allusion à la trahison du chevalier Roland par Ganelon, que la légende place en cet endroit.

— Parce que vous croyez, monseigneur, à cette littérature. Ne faut-il pas trahir quelque part ?

— Sire, l'on prétend que Charlemagne, après avoir mis son beau-frère aux arrêts, le fit brûler ici même avec ses complices, pour venger la mort de Roland.

Le visage du roi s'assombrit. Ces paroles viennent lui rappeler que la trahison a une longue tradition en son royaume. Sous son règne aussi, elle a fait des émules : Chalais, d'Ornano, Bassompierre, Montmorency, son frère Gaston... Il a eu ses Ganelon. Moins craintif que son grand veneur, il piétine le sol avec les sabots de son cheval. On ne perd rien à fouler les restes d'un félon. Quand la terre est tout à fait défoncée, de nouveau, il déclare :

— Nous n'irons pas plus loin.

Où le roi prie avec ferveur

Il est parti trouver refuge dans la chapelle de son château de Saint-Germain. Les murs en sont d'une sévère nudité : aucun tableau, aucune tapisserie pour le détourner de ses prières. Un grand crucifix tient lieu d'autel et le sacrifice du Christ, d'exemple. Louis s'agenouille parmi ses chantres. Sa foi est humble et partagée, il n'est pas homme à suivre la messe isolé dans sa loge parmi les tentures.

Pourtant, ce sont ces actions de piété qui le préparent à son métier de roi. Chaque matin, il s'efforce de s'élever vers le Ciel qui lui a confié cette mission. Parce qu'il s'estime le plus puissant des monarques, parce qu'il se sait aussi faible pécheur, il se place sous la protection de Dieu, le souverain gouverneur. À ce rituel, il ne tolère aucun écart. Même souffrant, il affronte la froidure des pierres, qui meurtrissent ses jambes amaigries par les chasses, les campagnes militaires et les médecines de cheval que ses docteurs lui infligent.

— Sire, votre ministre s'est annoncé.

Le roi demeure perdu dans ses dévotions. Chaque matin aussi, depuis près de quinze ans, son ministre l'attend de pied ferme. Il vient l'informer des affaires du royaume, qui sont souvent celles de la guerre. En ce printemps 1639, on en est encore à se réjouir de la victoire du duc de Saxe-Weimar à Brisach. La place forte a été enlevée aux Habsbourg après un siège de quatre mois qui n'a laissé que des ruines. Il en va ainsi de l'Europe depuis vingt ans. On la met à feu et à sang, on y sème la misère, on la réduit à des tas de décombres. Et tout cela pourquoi ? Trop de sang a coulé et tous les rois, tous les princes ont oublié depuis longtemps la raison d'un tel carnage.

L'irruption de l'écuyer l'a dérangé dans ses prières. Il ne pense plus à Dieu mais à ce verrou de Brisach, venu soulager l'alliée de la France, la Hollande des Provinces-Unies. Soulagement bien fragile. Avant-hier, on a appris le revers de sa marine au large de Dunkerque, alors qu'elle poursuivait les Espagnols, leur ennemi commun. Pour la plus grande misère de Dieu, ses meilleurs navires ont été envoyés par fond. C'est probablement de leur flotte que Son Éminence veut l'entretenir. Après avoir prié pour son peuple, Louis prie pour les infortunés Bataves.

— Sire, votre ministre est…

Un regard du souverain dissuade le serviteur d'achever sa phrase.

Où le roi passe du coq à l'âne

Rien sur les Provinces-Unies. Le cardinal est préoccupé par le duc de Saxe-Weimar. Depuis son succès à Brisach, celui-ci trépigne. Si on ne lui donne pas de nouvelle terre à conquérir, le pire est à craindre. Il faut donc l'encourager à pousser son avantage dans la région franc-comtoise. Voilà les paroles qui accueillent le souverain dans la chambre du petit conseil. Ils sont seuls. À peine s'ils se lancent un regard, pour juger de leur humeur. Celle du cardinal est combative. Celle du souverain affligée. Que la France catholique lutte aux côtés des réformés qui tuent des catholiques est une première insulte à Dieu. Qu'elle ait noué cette alliance pour desserrer l'étreinte des Autrichiens et des Espagnols, également catholiques, en est une autre. Mais les États prennent désormais le pas sur la foi. La politique l'emporte sur la religion, ce dont le roi, qui songe à son salut, peine à s'arranger. Pour couronner le tout, il y a ce duc qui enferme le peuple dans les églises, qui emmure vivants femmes et enfants. Ne peut-on pas y remédier ?

— De tels martyrs, sire, sont le lot de la guerre. L'allié batave a cédé sur les mers, il faut regagner sur les terres. Seul importe l'objectif, l'unique objectif, terrasser l'Espagne.

Le roi est obligé d'en convenir. Mais tous ces catholiques que Saxe-Weimar brûle au nom de la France...

Richelieu juge bon de rappeler que Sa Majesté fut le premier à entraîner le royaume dans ces conflits. Qu'elle s'y est du reste illustrée avec une extrême bravoure, mais qu'il l'avait alertée sur la fragilité de leurs finances et lui avait fait voir l'intérêt à se tenir loin de cette mêlée où leurs ennemis s'épuisaient.

Le roi donne du menton. C'était il y a cinq ans. Il aimait partir en campagne, prendre la tête de leurs troupes, franchir des cols, forcer une armée dans la plaine comme on force un cerf en forêt...

Et ? Le cardinal attend la suite.

— Qui prétendait que le royaume, pour affirmer sa puissance, ne pouvait rester étranger à cet embrasement général ? Vous, Votre Éminence.

Richelieu, cette fois, ne répond pas. La prospérité ou les conquêtes ? Faut-il d'abord pacifier la France ou imposer sa loi sur le continent ? Sur tous ces sujets qui les divisent, ils reviennent inlassablement.

— Savez-vous qu'aujourd'hui je suis bien en peine de la *créature* ?

Sa Majesté a abandonné le terrain de la guerre pour celui de ses amours. Quand les choses vont bien, il appelle Mme de Hautefort son *inclination*. Aujourd'hui, elles vont mal et la voilà redevenue la *créature*. Hier, elle l'a quitté froidement, et il en a perdu le sommeil. Une parole désobligeante, un mouvement des yeux et il est au désespoir. C'est elle, la raison de sa chasse écourtée dans la forêt du Vésinet. Loin de s'agacer de ces plaintes, le cardinal laisse dire. Le roi se confie si rarement.

— J'étais résolu à lui témoigner la même froideur, mais j'ai décidé de lui offrir une pension de mille écus. Ainsi apprendra-t-elle qu'il ne lui sert à rien de me faire du mal, puisque à ce mal je réponds en vrai chrétien. Qu'en pense Son Éminence ?

Elle en pense que la créature n'est pas celle que l'on croit. Et que c'est pitié de voir ce grand souverain succomber à ses lois. Pour aimer, il doit souffrir, car c'est sa souffrance qu'il aime également.

— Derrière Mme de Hautefort se tient la reine, qui se délecte de vos tourments, et derrière elle c'est son frère, le roi d'Espagne, qui conspire à vos peines.

En vexant son orgueil, Richelieu le renvoie à sa dignité de roi. Que vaut sa haute conception de l'État si ses amours l'entraînent vers le bas ? Le cardinal pourrait puiser dans son vocabulaire, qui est inépuisable : retourner vers Dieu, s'en remettre à Lui, se fortifier en Son sein... Mais il faut à ce roi d'autres remèdes moins austères.

— Prenez plutôt le temps d'une amitié fidèle, qui ne cherche pas à vous nuire.

Le cardinal croit aux vertus de la diversion. À l'introduction d'un nouvel élément dans le paysage.

— Partager les secrets de son âme avec un ami, se confier à lui, voilà qui est doux, admet le souverain.

— Cet ami, vous l'avez peut-être. Le marquis de Cinq-Mars, votre nouveau grand maître de la garde-robe, ne pourrait-il avoir ce mérite ?

Le Temps des trahisons

Le ministre vient d'abattre sa carte. Cinq-Mars... Le fils du maréchal d'Effiat. Un nouveau venu que le roi a vu quelquefois. Une figure bien aimable. Joyeux, alerte, fier de sa jeunesse avec cela. Mais d'ailleurs, où est-il ?

— L'heure de m'habiller n'a-t-elle pas sonné ?

Le cardinal hausse les épaules.

— On dit, poursuit le roi, qu'il passe ses nuits avec une courtisane que vous avez eu, je crois, à rencontrer...

Le souverain dispose d'un bon réseau d'informateurs. En son château de Rueil, le cardinal a en effet reçu la belle Louise de Chémerault, qui a conquis le cœur de Cinq-Mars. Mais si celui-ci est amené à surveiller le roi, ne faut-il pas envisager aussi de surveiller le surveillant ?

Où Cinq-Mars tourne
de jolis compliments

Cinq-Mars est enfin là. Le beau, l'élégant Cinq-Mars. Bien qu'à cette heure encore matinale son élégance soit un peu chiffonnée. Il sent l'étreinte et l'insomnie, mais elles donnent à ses traits une insolente beauté.

— Saint-Germain est si loin de Paris...

Il a bondi dans la conversation ; ses charmes le dispensent de toute cérémonie.

— Un embarras de voitures. Des coquins qui s'insultaient. Ne peut-on légiférer sur la circulation ?

Tous ces propos friseraient l'insolence s'ils n'avaient été prononcés sur le ton le plus innocent. D'un air pincé, le roi lui fait remarquer qu'il y a déjà assez de lois, puis constate, avec regret, l'heure tardive de son apparition.

— Le plaisir de vous retrouver n'en est que plus grand...

Henri a fait grâce aussi de quelques sourires à Richelieu, qui dissimule sa satisfaction. Le jeune homme apprend vite. Grisé par son entrée, il ajoute :

— Pour accroître ce plaisir, j'eusse aimé que le chemin qui nous sépare fût plus long encore...

Bien tourné. Il a poli ce compliment en chemin. Un conseil du cardinal : avoir toujours une galanterie dans sa besace. Le roi hoche la tête. À l'évidence, celui-là sait faire sa cour. Mais voyons un peu.

— La nuit a-t-elle été bonne ?

Henri hésite. Il flaire un piège. Du regard, il sollicite le cardinal, qui l'encourage d'un clignement des yeux.

— Elle n'a servi que de triste intervalle entre le crépuscule où je vous ai laissé et l'aurore où je vous rejoins.

Richelieu soupire de soulagement. Mais, enhardi par ce premier succès, son protégé part à l'aventure.

— C'est dire si elle fut insignifiante. Un peu longue certes, car nous sommes en mars, qui est le mois de mon nom. Nous allons vers le printemps et...

L'imprudent ! Il s'est mis à parler de lui. Comme s'il était déjà un sujet de conversation.

— Nous avons affaire à un connaisseur de la nature.

Le roi manie parfois l'ironie.

— Et que m'apportez-vous là ? ajoute-t-il.

Cinq-Mars, qui n'a pas oublié sa charge, a surgi avec un habit de satin gris de lin passementé d'or et d'argent. Pense-t-il en affubler le souverain ? Le jeune marquis gonfle ses poumons comme pour souffler sur les bougies d'un gâteau.

— Nous travaillons à votre parure, / Tel est notre seul souci, / Et nous aspirons à donner à votre allure / La prestance qui sied à votre envie.

Des vers irréguliers, troussés entre deux sérénades à Mlle de Chémerault. Au cas où le roi, moins indulgent, l'aurait disputé pour son retard. Les rimes n'en sont pas trop méchantes, mais on l'exhorte à moins de poésie et à plus de sobriété. Que fera-t-il de tous ces passements quand Dieu le rappellera au Ciel ? Henri en reste bouche bée. Le Ciel, jamais il n'y accorde la moindre pensée. Pour cela, il faudrait d'abord qu'il pense à sa mort. Il appelle au secours le cardinal, qui hausse les sourcils.

— Croyez-vous pouvoir emporter tous ces habits ? poursuit le souverain, qui se plaît à lui faire la leçon. Au paradis, les premiers ne sont pas les mieux vêtus...

Au paradis, ne sont-ils pas surtout nus ? s'interroge le jeune marquis.

— Sire, il faudra que je me soucie de ma tenue du Jugement dernier. Une houppelande en drap de Hollande, car sans doute fera-t-il un peu froid, ainsi que des bottes garnies de fourrure. C'est donc non pour cet habit de satin gris ?

Richelieu juge bon de revenir dans la conversation. La récréation a assez duré.

— Sire, et notre discussion ?

Le roi tente de s'en souvenir, malgré la confusion qui règne dans son esprit et que Cinq-Mars accentue par sa présence sautillante.

— Votre accord pour le duc de Saxe-Weimar et ses entreprises en Franche-Comté, insiste le cardinal, je voulais m'en assurer avant de me retirer.

Le roi caresse sa moustache, puis acquiesce, soulagé d'avoir réglé l'affaire. Enchanté aussi de se retrouver en tête à tête avec ce jeune tourbillon nommé Cinq-Mars. Comment disait Son Éminence tout à l'heure ? Les mérites d'un ami...

Un autre conseiller patiente sur le seuil de la chambre du petit conseil.

— De combien d'affaires doit-on vous entretenir chaque matin, sire ?

Le roi a un geste vague et, semble-t-il, las de la main.

— Vous ne voudriez pas savoir. Laissons ces sujets qui vous ennuieraient. Parlez-moi plutôt de votre père, ce maréchal que nous regrettons fort. Vous manque-t-il autant qu'il me manque ?

Louis, qui a perdu le sien à l'âge de neuf ans, a quelques cordes sensibles, dont celle du père qu'il aime à faire résonner avec les personnes desquelles il consent à se rapprocher. Henri se lance, non sans émotion, dans l'évocation du jour où il apprit la mort du maréchal d'Effiat, quand le cardinal de Richelieu avait apporté son cœur à sa mère au château de Chilly. Ce jeune homme a des sentiments, songe le roi, qui lâche, à l'écoute de ce récit :

— Il est vrai que Son Éminence se plaît parfois à déplacer les cœurs.

Cinq-Mars sourit. Ils échangent leur premier regard complice.

Où la situation se tend

— Comment vont vos hauts-de-chausse, monsieur de la garde-robe ?

À la table des comtes, des ducs et des princes qui entourent le duc de Nemours, l'auteur de cette pointe, on s'esclaffe, avec la cruauté de ces bandes sûres de leur bon droit. Ce 26 juillet 1639, l'armée bivouaque dans les Ardennes, autour du château de Mézières, et avant d'en découdre avec les Espagnols, la vaillante aristocratie française se donne du courage avec un copieux souper.

Le « monsieur de la garde-robe » relève le nez de son assiette, la mine furieuse. Son railleur est un prince du sang, apparenté aux ducs de Lorraine et aux princes de Savoie. Les lois du rang, dont toute l'existence de Nemours témoigne par ses innombrables privilèges, voudraient que Cinq-Mars ne réponde pas à l'offense. Ou du moins que sa réplique soit prudemment énoncée. Mais le cuir n'est pas encore endurci et dès la première banderille il ne songe qu'à laver l'affront.

— Si vous posez la question, c'est que vous devez vous trouver en mal d'habits.

Il a décoché sa flèche. Va-t-on en rester là ? Si, après avoir lancé les hostilités, Nemours recule, il assoit la réputation de ce jeune seigneur, dont le roi, paraît-il, se serait entiché. Mis en appétit par ce hors-d'œuvre, on se réjouit de la suite. Recul tactique ? Nouvelle charge ? Ou bien déjà une mise à mort ?

Le duc prend à partie la tablée.

— Mes chers amis, connaissez-vous la différence entre ce monsieur et un... portemanteau ?

Ses voisins, des amis sans doute, des jaloux parfois, font preuve d'une curiosité complaisante, tandis que le duc feint de solliciter leur avis.

— Aucune, postillonne-t-il, criant pour ainsi dire, comme pour le faire savoir à tout le château.

La touche confine à l'insulte. Chacun retient sa respiration et l'on se tourne avec empressement vers l'objet de la comparaison, qui a blêmi, mais qui contre-attaque aussitôt.

— Et connaissez-vous la différence entre le duc de Nemours et la girouette des vents ?

La réponse ? Cinq-Mars ne prend pas la peine de la donner. Il lui a rendu la monnaie de sa pièce, cela suffit. Le duc, qui s'est cru spirituel, a été pris à son propre piège. Fort jeune, à peu près aussi étourdi que son rival, il renonce aux armes des mots pour d'autres munitions. Des noyaux de cerise – on en est au dessert – dont il jette, faute d'arguments, une poignée à la figure de Cinq-Mars. Celui-ci, plus habile, le vise à l'œil. C'en est trop pour un duc qui, en présence de ses pairs, se voit contesté par ce simple gentilhomme. Il repousse sa chaise et, à grandes enjambées, fait le tour de la table pour venir saisir au collet l'outrecuidant. L'affrontement ne dure pas. On a obtenu ce qu'on espérait, une pure et franche explosion de haine dans ce monde policé de la Cour où les codes interdisent à ces deux adversaires de se battre. On se dépêche de les séparer, puis on élucubre sur les effets de la dispute. Qu'en pensera le roi ? Oui, qu'en pensera-t-il ?

Où Cinq-Mars se fait un nouvel ami

Dans une pièce voisine, le monarque soupe fort civilement avec Mme de Hautefort. L'air léger de la Cour propage vite les nouvelles. L'incident virevolte jusqu'à sa table. L'usage voudrait que le roi donne raison au prince du sang, mais il pose sa fourchette, dénoue sa serviette, et déclare que, pour avoir cherché querelle à son grand maître, le duc de Nemours est à blâmer. Autour de lui, on opine du chef.

— Il est déplorable, ajoute le roi, d'afficher un tel exemple de désunion quand la France s'apprête à livrer combat à l'ennemi.

Aussitôt, il s'en trouve pour témoigner en faveur de Cinq-Mars en affirmant qu'ils ne lui ont pas ménagé leur soutien. Ils prennent déjà le vent. L'un d'eux va jusqu'à louer, en se gardant bien de s'en étonner, le sang-froid dont a fait preuve M. le grand maître de la garde-robe. Une parole, quelques noyaux de cerise ont suffi pour que la Cour se divise entre deux champions. Le roi fait venir le sien, qui accourt, le cœur encore battant.

— Venez, mon cher ami, que je vous félicite !

Ce « cher ami », que Louis réserve à ses favoris, est nouveau. Les courtisans, qui ne l'ignorent pas, se le répètent au creux de l'oreille. Et bientôt les murs du château le murmurent à leur tour.

— Ne trouvez-vous pas qu'il a su répondre fièrement ?

Il veut partager son enthousiasme avec Mme de Hautefort, qui est plus mesurée. Toute créature qui gravite autour du roi, surtout bien mise de sa personne, a le don de susciter sa méfiance.

— Il a agi en gentilhomme, concède-t-elle en contredisant ce jugement par un regard assassin.

Le roi doit être un peu myope, car il réaffirme son plaisir à voir son cher ami doté d'une âme bien née. Mais ce qu'il prend pour de l'honneur ne serait-il pas plutôt de l'orgueil ou un échauffement de l'esprit ? Rougissant sous ces compliments, Henri demande à s'asseoir. Requête bien innocente tant l'épisode lui a donné une forte émotion. Mais prendre place à la table du roi est un autre privilège. La maîtresse étouffe de rage et feint de se trouver mal, pour obliger le souverain à se porter à son secours.

Un homme, sur le seuil de la pièce, a observé l'adoubement. Alerté par son confident Chavigny, Richelieu apprécie le spectacle, qu'il s'en voudrait de troubler. À n'en pas douter, Mme de Hautefort en fera bientôt les frais. On est d'ailleurs trop occupé pour remarquer sa présence. Enchanté par la tournure des événements, le cardinal s'éclipse, pressé de retrouver ses maximes du jour, qu'il s'en va prendre en note dans sa chambre du château de Mézières : *Les favoris sont d'autant plus dangereux que ceux qui sont élevés par la fortune se servent rarement de la raison, et comme elle n'est pas favorable à leurs desseins, elle se trouve d'ordinaire tout à fait impuissante à arrêter le cours de ceux qu'ils font au préjudice de l'État.*

Les faveurs. La raison. Le sens de l'État. Ce sont ses marottes. Les favoris et les maîtresses sont une espèce bien instable, des éléments inflammables qui prennent feu à l'amitié d'un roi. Il trouve l'engouement du souverain un peu subit – violent ? Ce mot qu'il a refusé à Cinq-Mars, au château de Chilly, lui traverse l'esprit – et la fougue du jeune homme le tracasse déjà. Sans doute manquera-t-il de discipline. Fâcheux s'il doit servir de sentinelle auprès du roi. Trop tard : la course est lancée, on ne change pas de monture. Il faudra mettre un peu de plomb dans la jolie tête... Et Richelieu se rassure en songeant au dépit de Mme de Hautefort, dont il conviendra de tirer profit.

Où le roi rend visite à son fils
(et à son épouse)

— M. de Cinq-Mars est d'un commerce fort agréable...
Le roi n'a pu s'empêcher de glisser le nom de son ami dans la conversation. Il n'en faut pas davantage pour que Mme de Hautefort le qualifie de « petit marquis uniquement préoccupé de sa personne ». « De sa médiocre personne », a-t-elle le front d'ajouter. Cherche-t-elle à éprouver ses pouvoirs ? Elle en éprouve seulement les limites. En blessant Cinq-Mars, c'est lui qu'elle blesse, réplique le souverain.

Mme de Hautefort, fine mouche, prétend soudain vouloir trouver un mari. Elle brandit l'épouvantail du mariage qui affole le monarque. Car l'amie du roi ne saurait épouser, cela serait signifier à la Cour qu'elle le quitte. Or, elle doit demeurer à sa disposition, à son entière disposition, vierge fidèle et dévouée. Devant cette menace, Louis tourne les talons et s'en va calmer ses nerfs dans les jardins de Saint-Germain. Il y écrase des mottes de terre puis rejoint le château neuf.

Dans une antichambre, il croise son chancelier qui, parfait courtisan, feint d'ignorer ses souliers tout crottés.

Le Temps des trahisons

Sire ! Les couloirs s'agitent. Il l'entretient du parlement… Sont-ils jamais calmes ? Il insiste. Les dernières mesures, de nouveaux impôts, suscitent de la colère. Louis écoute patiemment, parler de la France apaise ses tourments. Ne cédez rien ! Il donne ses instructions, demande à battre le rappel de leurs fidèles soutiens, qui doivent se faire entendre. En meute, monsieur de Séguier, chassez en meute. M. de Séguier lui assure qu'il fera de son mieux, que… Le roi l'interrompt, il lui tarde de voir son fils. Tous mes vœux vont à la santé du Dauphin, glisse son ministre, qui de profil, mais seulement de profil, ressemble à Richelieu.

En ce printemps de 1640, l'héritier du trône, si longtemps attendu, va sur son vingtième mois et il a déjà nourrice, remueuse et gouvernante. De braves gens – la compétence ne fut pas le premier critère de leur choix – que Richelieu a nommés et missionnés pour surveiller la reine. Elle porte le nom d'Anne d'Autriche, mais, née à Madrid, elle reste d'Espagne, mortelle ennemie du royaume.

Si la naissance du Dauphin, après vingt-trois ans de mariage – certains n'ont pas manqué de s'étonner de ce tour de lit miraculeux –, a procuré de la joie au roi, il a fait des malheureux. Monsieur, son frère, rétrogradé dans l'ordre de la succession. Ses cousins, le prince de Condé et son fils, le duc d'Enghien, qui ont également reculé, après avoir admirablement espéré, Monsieur n'ayant eu qu'une fille. Le cardinal enfin, qui avait rêvé de nouer une alliance entre sa nièce et le duc d'Enghien. Le nourrisson a enterré tous ces espoirs.

Une naissance rapproche d'ordinaire les époux. Mais Anne est belle, gaie, gourmande, elle aime s'amuser et dire des gros mots. Louis est mélancolique, sans appétit et d'une stricte piété. Les aventures de la reine avec le duc de Buckingham, ses lettres compromettantes avec son frère le roi d'Espagne, ses folles chevauchées avec son amie Mme de Chevreuse, tous ces écarts révélés, rapportés et châtiés par Son Éminence ont fini de les fâcher.

À Saint-Germain, Louis est logé dans le château vieux ; Anne réside dans le château neuf. Il ne s'y aventure que pour rendre visite à son petit Louis, redoutant d'avoir à rencontrer son épouse. De quoi pourraient-ils s'entretenir ? De l'Espagne ? Une lueur de plaisir pourrait traverser le regard de la reine s'il lui annonçait un revers. De la France ? Il redouterait que la moindre de ses paroles ne soit répétée à Madrid.

La chambre de l'enfant est vide. Il se résigne à rejoindre son épouse, qu'il trouve avec Mme de Hautefort qui l'a précédé. Car sa maîtresse est aussi l'amie de son épouse. Celle-ci ne s'en formalise guère ; elle reçoit même les confidences de l'intéressée.

La reine est plongée dans la lecture d'un billet que le souverain exige de voir.

— Que Sa Majesté vienne le prendre !

Anne l'a glissé dans son corsage. Le voilà bien embarrassé. Il se ravise. Ce billet n'a aucune importance.

— Mais si, insiste-t-elle, sans doute renferme-t-il des nouvelles essentielles à la bonne marche du royaume. Que feriez-vous si c'était Mme de Hautefort qui l'avait dissimulé ?

Cette dernière éclate de rire. Le roi croit retourner la situation en faisant signe à Mme de Hautefort de lui rapporter le message. La voilà qui hésite. Doit-elle obéir au roi ou à la reine ? Anne emprisonne ses mains dans les siennes.

— Venez le chercher vous-même !

Louis songe à demander à un valet. Mais toute la Cour en ferait des gorges chaudes : un domestique a fouillé le corsage de la reine ! Contre le manteau de la cheminée, il remarque des pincettes et il s'en empare pour aller à la pêche. L'instrument oscille au bout de ses doigts, mais la manœuvre réclame une habileté qu'il n'a pas. Il s'aperçoit de son ridicule et le repose. Son fils, où est son fils ?

Il joue avec des soldats dans un coin de la pièce. À peine plus d'un an et déjà à la guerre. Il n'a pas reconnu son père, dont les visites sont trop rares. Louis marche vers lui, les mains tremblantes, l'œil fiévreux. Lorsqu'il met un genou à terre, leurs regards se croisent et l'enfant en paraît effrayé. Croyant calmer son fils, le roi déplace un soldat, qui en heurte un deuxième, lequel entraîne les autres dans sa chute. Le Dauphin pousse un cri et rampe vers sa mère. C'est compter sans le roi qui l'intercepte et le soulève comme un trophée.

— Le bon roi Henri agissait ainsi avec moi quand il m'emmenait dans la galerie du Louvre. Puis il me prenait sur son dos et nous partions dans de grandes chevauchées...

À cette évocation attendrie, on répond par des hurlements. L'enfant n'est plus qu'un paquet qui vocifère. Le souverain le remet à la nourrice qui a déjà accouru, affolée.

— Je suis très mal satisfait de lui, gronde-t-il, humilié dans sa dignité de père.

— Sire, l'odeur de la chasse l'aura peut-être incommodé, suggère la reine. Combien de bêtes avez-vous tuées ce matin ?

— Je vous entretiens de mon fils et vous me parlez de mes bêtes. S'il ne peut souffrir ma vue, c'est que vous le prévenez contre moi. Il me suffit d'un mot pour vous l'enlever et le confier à du monde qui saura me faire aimer de lui.

Anne a pâli. Cet enfant est tout son bien. L'assurance qu'après la mort de cet homme qui lui parle si mal elle ne sera pas renvoyée. Elle s'apprête à injurier son époux quand Mme de Hautefort la retient par le bras. Leurs mains s'étreignent, elles échangent un long regard affligé. Le petit Louis hurle de nouveau. Le chien de Mme de Hautefort, terrorisé par le ton du souverain, a filé derrière un rideau en aboyant furieusement. On ne s'entend plus. Mais le roi s'éloigne enfin, de plus méchante humeur encore qu'à son arrivée.

Où Cinq-Mars fait une étrange découverte

La rose n'est plus solitaire en son buisson. Louise de Chémerault a été rejointe par Cinq-Mars, qui a troqué ses galants discours pour des caresses plus appuyées auxquelles elle répond avec entrain. Louise a reçu le titre de demoiselle d'honneur de la reine. Une charge qui lui donne droit à une chambre du château neuf. Mais la pièce, ouverte aux passe-murailles de la Cour, se prêtait mal à leurs débats enflammés. Ils se sont repliés dans un petit logement que Louise loue rue de l'Arbre-Sec. La situation est enviable, près du Louvre ainsi que du Palais-Cardinal où réside Son Éminence.

Leur refuge a pour seul inconvénient sa proximité avec la Croix-du-Trahoir. Une coutume très ancienne y a placé une potence destinée aux faux-monnayeurs. Les exécutions attirent la foule, toujours curieuse des criminels et de leurs derniers soubresauts. On se presse, avec l'espoir d'assister à des scènes de désespoir, de bravoure ou de repentance. Ce jour-là, trois escrocs du papier descendent de leur charrette et Cinq-Mars avec son cheval peine à se frayer un chemin. On l'entend même proférer quelques injures.

Quand Louise lui ouvre la porte, ils se dévisagent en silence. Le logement est modeste, le lit n'est pas loin, ils se parleront plus tard. L'étreinte consommée, le jeune homme se poste à la fenêtre, d'où il s'amuse à lui décrire le tableau. L'une des fripouilles a l'entrejambe proéminente, un autre s'est vidé de ses tripes, le dernier a la figure déformée par une hideuse grimace. Louise s'indigne. Il ne devrait pas se moquer des défunts. Sait-il seulement comment il réagirait à sa dernière heure ? Cinq-Mars éclate de rire.

— La mort, je ne la redoute pas. J'en aime le spectacle. Venez voir un peu.

Il entraîne Louise. Enveloppés dans un drap, ils contemplent les trois corps qui se balancent doucement tandis qu'Henri ne peut résister à la chair un peu grasse des épaules de sa maîtresse. Il la mord d'un petit coup de dent. Elle pousse un cri. Il mord encore, elle crie plus fort. À cet instant, il se sent appelé à accomplir de grandes choses. Lesquelles ? Il l'ignore mais transporte Louise jusqu'au lit.

Rassasié, Cinq-Mars se grise à présent de sa bonne fortune. Le crédit de Mme de Hautefort est entamé, car le souverain qui désespère d'en être aimé commence à s'en lasser. Henri se sent pousser des ailes. La garde-robe n'était bien qu'un prétexte. S'occuper de l'enveloppe du roi, lui a confié le cardinal, mais pour mieux épier ses sentiments.

Louise sourit à la stratégie de Son Éminence, qui avait poussé jadis Mme de Hautefort vers le roi pour le surveiller. Son amant joue les remplaçants.

— Mon cheval de Troie, lui murmure-t-elle.

Cinq-Mars se met à hennir, mais juge Louise bien renseignée.

— C'est que mon poste d'observation est excellent, se justifie-t-elle. Pour ses repas, ses audiences, son lever, j'assiste désormais la reine. Excellent, répète-t-elle.

— Ennuyeux, soupire-t-il. Toujours servir la même personne ! J'appréhende la monotonie, je la redoute déjà avec le roi.

Louise recoiffe ses longs cheveux bouclés.

— La reine est si bonne : tout à l'heure, à mon retour à Saint-Germain, je sais qu'elle ne me disputera pas.

— Vous dites cela d'un ton attendri.

— C'est que Sa Majesté me parle de son Espagne natale qui lui manque tant, comment ne pas s'en émouvoir ? Je connais tout de son enfance à Madrid. Il n'y a que ses prières que j'ignore, car elle les prononce en espagnol.

À présent, Louise voudrait faire une sieste. Elle souhaite reposer son teint pour la fête qui sera donnée dans les appartements du prince de Condé.

— En serez-vous ?

Henri secoue la tête. Il a rendez-vous avec l'ami Ruvigny. Mais pourquoi perdre son temps à dormir ? Sur les autres dames, elle l'emporte en éclat. Il se lance de nouveau à son assaut.

— Je suis bien fatiguée, murmure-t-elle en le repoussant, avant de fermer les yeux.

Il doit se contenter d'admirer cette peau lisse, à peine recouverte d'un drap. Les doigts le démangent et quelques vers se bousculent dans sa tête, des mots qui résonnent, se télescopent. Un petit secrétaire occupe l'angle de la chambre. Sitôt qu'il y est assis, la plume avance sur le papier : *Pour me parler de vos autres amants, êtes-vous donc femme véritable et douée de vie, ou bien un rocher ayant pris cette forme et dans lequel on tailla votre cœur ?* Il doit admettre qu'il est déçu. Pas la moindre rime. Et pourquoi cette jalousie ? Absurde. Le génie n'est pas pour aujourd'hui.

En cherchant du papier, il a dérangé des feuilles qui attirent son regard. De fines annotations, qu'il déchiffre en fronçant les sourcils. Sur la première, cela donne à peu près ceci : *Céphale, venu de manière impromptue, a reproché violemment à Procris de mal parler de lui à Télémaque. Il lui a dit qu'il ne le tolérerait plus et que si la chose venait à se reproduire, il lui retirerait Télémaque. Cela se passait en présence de l'Aurore, avec qui Céphale avait eu encore des mots auparavant. Procris, au bord des larmes, a confié à Bon Ange que si un tel malheur arrivait elle en mourrait. Elle s'est plainte de la brutalité de Céphale qui s'aggrave avec l'âge et la maladie. Télémaque n'a rien arrangé. Il fut aussi question d'un billet dans un corsage que Céphale voulut aller surprendre, mais il ne fut pas clair pour Bon Ange si le corsage était celui de Procris ou de l'Aurore. Que l'Oracle veuille bien pardonner à Bon Ange cette imprécision. Il lui a été dit par Procris de celer ce secret, mais cela fut dit mot à mot, que l'Oracle en soit assuré.*

Henri relit ces lignes dont il peine à saisir le contexte. S'agirait-il d'une historiette inventée par Louise ? Mais qui se cache derrière Céphale, Procris, Télémaque, l'Aurore ? Des personnages de la Cour ? Un mot lui donne la clé : « retirerait ». Il ne peut s'agir que d'un enfant. Et de quel enfant sinon du petit Louis ? Dès lors, les masques tombent, tels des dominos. Céphale pour le roi, Procris pour la reine, Télémaque pour le Dauphin, et l'Aurore pour Mme de Hautefort. Il manque Bon Ange et l'Oracle. Henri se retourne vers le lit où Louise vient de bouger, dormant d'un sommeil innocent. Il parcourt d'autres feuilles. S'y trouve-t-il lui aussi épinglé ? Sous quel surnom ? Il les lit trop vite pour en saisir le sens, mais remarque que leur destinataire ne varie jamais : l'Oracle. Son identité ne laisse guère planer de doute.

Lorsque Louise se réveille, Henri a déjà tout remis en place. Elle s'affaire, car elle est en retard. Sourd à ses protestations, il la traîne vers la fenêtre. Les corps n'ont pas bougé d'un pouce, mais la foule s'est dispersée. Il tend le bras.

— Et quoi ? s'énerve-t-elle. Ils sont morts et demain ils le seront encore.

— Un autre jour, je vous montrerai des serviteurs indélicats qu'on amène ici pour leur couper les oreilles. Et pour quel motif ? Parce qu'ils en ont fait mauvais usage chez leurs maîtres. Vous verrez aussi comment on donne leurs oreilles à manger aux cochons.

Louise hausse les épaules et lui échappe. Elle doit prendre un carrosse pour Saint-Germain. Henri la laisse filer. De la fenêtre, il l'aperçoit qui trotte dans la rue Saint-Honoré. Il se rhabille, se précipite et la retrouve bientôt, marchant à grands pas. Ce n'est pas l'allure d'une dame, se dit-il, ni encore moins d'une personne qui cherche une voiture. Au croisement avec la rue Royale, elle s'éloigne de la Seine. Quand elle disparaît par une porte du Palais-Cardinal, il doit s'avouer qu'il n'en est même pas surpris.

Où Cinq-Mars éprouve son pouvoir

Depuis leur départ de Fontainebleau, il n'a pas prononcé un mot. De ce silence, le roi s'inquiète. Le silence des gens qu'il aime lui est insupportable. La tempe contre la vitre du carrosse, Louis compte les arbres qui défilent, fouettés par la pluie. On est en novembre, le temps est affreux, on pourrait s'embourber. Qu'a-t-il fait, qu'a-t-il dit qui ait chagriné Henri ? Rien, raisonne-t-il, ne semble devoir justifier une humeur aussi sombre. Cette fragilité qu'il a connue avec Mme de Hautefort revient le tourmenter. Il se tracasse pour un rien.

À compter les arbres, le roi est bientôt à bout.

— Henri, me direz-vous ce qui vous chagrine ?

Cinq-Mars, qui a fermé les yeux, se rencogne. Il cherche un souvenir, celui d'une étreinte avec des cheveux blonds et des lèvres qu'il lui tarde d'embrasser. Ce ne sont plus celles de Mlle de Chémerault ; après sa visite chez le cardinal, il a pris ses distances. Quand elle l'a supplié de s'expliquer, il a tourné les talons et fait la connaissance de Marion Delorme. Les cheveux blonds. Une salonnière en vue qui l'a invité dans son cénacle et qu'il a ravie à un écrivain libertin. La vie, au grand galop.

Le roi s'agite sur son siège. Il ne quittera pas ce carrosse avant d'avoir appris ce qui contrarie Cinq-Mars. Ce dernier lui consent l'aumône d'un regard qui l'effraie plus encore.

— Vous ne pourriez...

— Je ne pourrais pas quoi ? Parlez, que diable ! Faut-il vous arracher les mots de la bouche ?

La réponse tombe enfin.

— Apaiser le malheur qui me tourmente.

Un malheur ? Et il n'en savait rien ? Quel peut en être l'objet puisqu'il se réjouit de leur amitié ? Voilà l'égoïsme des rois. Leur amitié doit suffire, pensent-ils, à faire le bonheur de ceux qui la reçoivent. Cinq-Mars se décide enfin à se confier.

— Sire, quand vous reverrez Mme de Hautefort à Paris, vous ne m'aimerez plus et toute la Cour s'interrogera sur la faute que j'aurais commise pour avoir perdu les bonnes grâces de mon maître.

Louis se remémore les paroles prononcées à leur départ de Fontainebleau : sa joie de retrouver à Paris sa maîtresse, qui ne l'a pas suivi dans ses tournées militaires où le roi s'est porté au secours de sa sœur Christine, duchesse de Savoie. Pour l'éloigner de Mme de Hautefort, le cardinal s'emploie à le faire voyager. La stratégie a cependant pour inconvénient de dissiper le souvenir des disputes, si bien que sa maîtresse finit par lui manquer.

Ainsi donc, Cinq-Mars veut déjà le roi pour lui seul. Mais celui-ci ne veut voir que son tourment. Il se ronge les sangs à l'idée d'être privé de son affection ? Il s'imagine la risée de la Cour ? Le roi, qui a l'âme chevaleresque, est prêt à voler au secours de son ami.

— Mon cœur à notre retour sera moins partagé, lui assure-t-il.

Le serment est trop vague. Henri ne saurait s'en contenter.

— Et qu'elle n'ait plus droit à vos regards !

Il fait monter les enchères. Le roi s'étonne d'une telle intransigeance puis s'en flatte. Accordé. Il s'engage à reléguer sa maîtresse au royaume de l'invisible. Loin de la Cour, dans ce carrosse chevauchant à travers la forêt, il est facile de promettre. Cinq-Mars veut pousser son avantage.

— Et que vous ne lui adressiez plus la parole !

Le roi se cabre.

— Vous voilà bien impitoyable. Refusez-vous qu'on existe en dehors de vous ?

Henri se mord les lèvres : il est allé trop loin. Mais le roi se trompe sur cette mine pincée et, regrettant de l'avoir grondé, il cède encore. Parti s'illustrer avec ses armées, le roi vient, devant un visage contrarié, de capituler en rase campagne. Qu'importe, la jolie figure s'est enfin éclairée d'un sourire. Un rayon de soleil. D'un signe de la main, Louis donne l'ordre d'arrêter l'équipage. Un officier de l'escorte accourt, tout trempé. Un contretemps, sire ? Non, un message à dicter. On fait venir un secrétaire qui séance tenante prend en note sous la pluie une lettre dont le roi lui murmure à l'oreille le nom de la destinataire. Cinq-Mars songe aux conseils de Richelieu. Son Éminence avait raison. Éprouvez votre pouvoir. Obligez Sa Majesté à dévoiler ses sentiments à votre égard, le reste suivra. Il a vu, en effet. Un jeu d'enfant.

Où le roi se montre inflexible

Malgré le mauvais temps, la nuée des courtisans s'est agglutinée devant le perron du château de Saint-Germain. Dès que le carrosse approche, on se précipite dans les éclaboussures. Les cheveux perlés de pluie, Mme de Hautefort attend, sûre de son bon droit à faire sa cour, en dépit de l'inquiétante rumeur qui a précédé son arrivée. Un sourire se dessine sur ses lèvres parfaitement ourlées. Elle prépare sa révérence.

— Madame, mes affections sont toutes désormais pour M. de Cinq-Mars. Sachez que je bannirai ceux qui ont la hardiesse de cabaler contre moi.

Le sourire s'efface. Le roi passe son chemin. Sous les regards d'une Cour stupéfaite, celle qui, voici encore un instant, était sa maîtresse, a cessé de l'être. Elle ne bouge plus, figée par la disgrâce. Comme la foudre, les verdicts du monarque tombent du ciel. Cinq-Mars, qui suit de près, frôle la répudiée avec insolence. Ne seraient-ce pas là des larmes qui coulent sur ses joues ? Il plisse les yeux. Ce ne sont que quelques gouttes de pluie.

Mais Mme de Hautefort s'est déjà ressaisie. On lui tend une lettre qui démentira sans doute ces méchantes paroles, qui lui fera savoir que tout cela n'était qu'un simulacre pour satisfaire la vanité de son rival. Elle veut l'espérer. On ne renonce pas si facilement à l'espoir.

L'encre a bavé, mais demeure assez lisible pour qu'elle y déchiffre l'aggravation de son malheur : on lui fait part de son exil.

Contre ce nouveau châtiment, elle croit pourtant possible de se rebeller. Convaincue de ses charmes, ou du moins de leur souvenir, elle accomplit cette chose inouïe qui est de courir après le roi. Elle rassemble ses jupes, le rattrape et le prie, tout essoufflée, de bien vouloir l'éclairer. Pour toute explication, Louis l'accable d'un ordre plus cruel.

— Mariez-vous, Madame, puisque vous aimiez naguère à l'envisager, et je vous ferai du bien.

Mme de Hautefort baisse la tête comme si on l'avait giflée. Cinq-Mars, qui a tout entendu, bombe la poitrine. Il se gargarise, observant aux premières loges cette mise à mort avec la délectation du metteur en scène témoin en secret du triomphe de son spectacle. N'y voyant que la manifestation de son pouvoir, il n'en perçoit pas encore la brutalité. Ainsi tombent, conclut-il, ceux qui ont voulu cabaler contre lui.

Où Richelieu dispense quelques conseils

Le décor a brutalement changé. Chacun veut être le premier à figurer près du nouvel astre qui entend mille compliments, serre des mains à s'en faire mal, tournoie sur lui-même à en avoir le vertige. C'est donc épuisé que Cinq-Mars quitte Saint-Germain. Va-t-il regagner le logis de Marion Delorme ? Elle attendra. Il n'est pas tout à fait sûr d'elle ni de ses fréquentations.

Il veut d'abord rapporter au cardinal son triomphe : n'est-ce pas aussi un peu celui de Richelieu ? Ne lui doit-il pas d'avoir fait échec à cette fausse reine qui gît à présent, renversée sur l'échiquier de la Cour ? Dans le carrosse qui le ramène au grand galop vers Paris, il se remémore la scène en faisant des bonds sur son siège.

La satisfaction de Richelieu est considérable : voilà sa plus redoutable ennemie exécutée d'un trait de plume. Il n'aurait pas fait mieux. Pourtant il dissimule sa joie. Masquer à ses alliés ce qu'on leur doit, ils pourraient vous le rappeler comme une dette à régler.

— Une première victoire, constate-t-il calmement.

Le Temps des trahisons

Le jeune homme est moins calme. La victoire lui a donné des ailes, il virevolte avec un sourire carnassier aux quatre coins du bureau du cardinal. Si Son Éminence avait vu comment le roi l'a éconduite, avec quel sang-froid. Et les supplications de la congédiée. Pitoyables. L'Aurore – le surnom de Mme de Hautefort dans ses lettres – n'est déjà plus qu'un Crépuscule, note Richelieu.

Celui-ci réitère les consignes qu'il lui a maintes fois formulées. Maintenant qu'il occupe seul le terrain, le roi se confiera plus facilement à lui sur ses projets. Henri, au comble de la distraction, ne bronche pas.

— Vous le sonderez sur son envie de reprendre les hostilités avec les Espagnols au nord et au sud du royaume.

La phrase tombe dans le vide. Soudain, une explosion de rire. Affalé dans un fauteuil, Cinq-Mars se distribue de grandes tapes sur les cuisses, sur le ventre, sur le bras. Il s'applaudit lui-même de tout son corps.

Où le roi est le sujet d'un tableau

Louis est assis, en armure noire, devant Philippe de Champaigne, son peintre officiel. Poser le met au supplice. Mais la France est en guerre, il lui faut un portrait du souverain en armes. Apparaître en soldat aux yeux de son favori n'est pas non plus pour lui déplaire. Qu'en pense celui-ci ? Henri déplace ses dentelles et ses rubans, et ses yeux virevoltent, du modèle au tableau et du tableau au modèle.

— Royal ! lâche-t-il.

Le roi fait la moue. Il espérait un peu mieux. Henri pousse un soupir navré.

— Royal, donc ennuyeux. Cette armure vous donne l'air d'une tortue éblouie par le soleil.

Champaigne fronce les sourcils. La peinture animalière n'est pas son genre et le bavardage dérange son travail. Il mendie un regard au roi qui n'en a que pour son favori.

— Des dentelles, sire, avec des dentelles, l'impression sera moins sinistre.

Pour atténuer la sévérité de cette toile, Henri détache les siennes de son cou. Louis l'arrête. Il les a fait interdire par un édit royal.

— Pour ce surplus de dentelles, ajoute-t-il, je pourrais vous expédier en prison.

Cinq-Mars se permet d'en douter, puis se faufile derrière le peintre. Il se penche, se contorsionne, et prend la pose à son tour, une main sur la hanche.

— Et moi, quand fera-t-on mon portrait ?

Voilà qu'il réclame déjà. Il dit qu'il l'offrira au roi ; ainsi, même absent, sera-t-il encore à ses côtés. Louis promet d'y réfléchir.

— *Cling, cling, cling.*

Cinq-Mars fait à présent le geste d'agiter un trousseau de clés dont il imite le cliquetis.

— Une prison, un geôlier, le serrurier en chef, l'homme des verrous, énumère-t-il.

— Mais de qui parlez-vous ? s'agace le roi.

— Chaque nuit, continue Cinq-Mars, un index sur les lèvres, il écoute aux portes, interroge ses mouchards, vérifie que le roi a bien son armure.

À ces mots, il cogne son doigt contre le plastron.

— Allons, sire, un peu de dentelles, que diable !

— Êtes-vous devenu fou ? s'exclame Louis.

Henri poursuit son numéro.

— Qu'en pensez-vous, Champaigne ? Ma trouvaille n'est-elle point du meilleur effet ?

Ce qu'il en pense, le peintre sait qu'il vaut mieux le garder pour lui.

— Cessez de faire l'enfant et laissez œuvrer M. de Champaigne.

Le roi s'est repris. Puisqu'on le traite d'enfant, Cinq-Mars en adopte la mine. Et s'adressant à l'artiste, il fait une grosse colère. N'a-t-il pas assez vu le roi ? Croit-il que le souverain ait le temps de jouer à la potiche pour travailler à sa gloire ?

— Sire, méfiez-vous de cet homme. Dans un siècle, on se souviendra moins de ses modèles que de ses tableaux.

Touché par ce flot de paroles, qui bouillonnent comme des sanglots, le souverain tente de calmer Henri. Il doit aimer la peinture pour l'amour du roi, qui, lui, l'aime tant. À l'âge de trois ans, il crayonnait déjà. À six, il achevait son premier tableau, avant de recevoir les leçons du grand Simon Vouet. Ces souvenirs d'enfance ne touchent guère le jeune homme, qui le laisse avec son faiseur d'images. Le monarque se lève et, malgré son plastron, court à sa poursuite, *cling, cling, cling,* avec la légèreté d'un éléphant. Puis il se rappelle la présence de Champaigne.

— Nous poursuivrons un autre jour.

De nouveau seul, l'artiste contemple la toile inachevée. Ah, s'il avait pu peindre cette scène ! Il ajoute quelques touches délicates. Le calme est revenu. Le frottement soyeux du pinceau apaise ses nerfs mis à rude épreuve. Le voilà enfin tout à son œuvre.

Où le roi et Cinq-Mars
se disputent

Le roi cherche à rattraper son favori dans les couloirs. Mais son armure l'entrave, il s'essouffle et, de guerre lasse, il lui intime l'ordre de s'arrêter. Henri qui a obtenu ce qu'il voulait, la fin de la séance, lui obéit enfin. Ils gagnent une chambre et, dès que la porte se referme, reprennent leur dispute.

— Champaigne, s'offusque Cinq-Mars, vous vieillit atrocement. À l'inverse, quand il peint le cardinal, il le rajeunit, il lui donne l'allure d'un homme bon, aimable, compatissant.

Purs mensonges. Dans les appartements de Richelieu, Cinq-Mars a eu tout loisir d'étudier le portrait du ministre ; il y apparaît froid, distant, redoutable. Le roi, qui s'est laissé choir sur un siège, promet qu'il fera revoir à Champaigne sa peinture. Henri secoue la tête. Ce qu'il lui faut, ce sont ces dentelles ; et il recommence à les détacher de ses habits. Cette fois, le roi se laisse dévêtir : plastron, dossière, jambière, genouillère. Son ami n'est-il pas le grand maître de sa garde-robe ? Il n'est pas désagréable d'être désarmé par lui. Mais en chemise et en haut-de-chausse, ressemble-t-il encore à un roi ? Lorsqu'il apprend que ces rubans sur une culotte sont nommés « petites oies », il esquisse un sourire : ils sont donc à la ferme. Et ce nœud sur les souliers ? Des « ailes de moulin ». On est bien à la campagne.

— Dans dix ans, persiste le grand maître, on se souviendra que j'en ai lancé la mode.

— Dans dix ans, répète le roi en secouant la tête, où serons-nous ?

Il veut se relever, mais en vain. Quand il tente d'attraper un ruban, Henri se dérobe en répétant :

— Le serrurier en chef !

— Quoi encore, souffle le roi, qu'avez-vous donc avec ce serrurier ? Et d'abord, qui est-il ?

— N'avez-vous pas deviné ?

Louis hausse les épaules.

Depuis sa dernière entrevue avec Richelieu, Henri a croisé Louise lors d'un bal et obtenu ses aveux : lui aussi figurait bien sur la liste de Bon Ange. Sous le nom de Cupidon. Bon Ange et Cupidon : ils faisaient la paire ! a-t-il ricané méchamment. Elle voulait seulement veiller sur lui, a prétendu Louise, non le surveiller. Il ne l'a pas crue. Pourquoi avoir agi ainsi ? Elle s'est esquivée en soupirant tristement.

Sa Majesté s'est mise à taper du pied. Maintenant, elle réclame une jupe.

— Tout ceci n'est pas un jeu, s'agace Cinq-Mars. Bonsoir.

Louis tend les bras pour le retenir, mais Cinq-Mars a déjà fui. Abandonné avec les morceaux de son armure éparpillés sur le tapis, le roi ramasse une jambière. Quel étrange objet ! Quand il la tapote, elle sonne creux. Il la dispose le long de sa jambe qui disparaît sous le métal. L'autre jambe maintenant. Puis il souffle dans ses genouillères avant de les renfiler. Il manque le plastron, dans lequel son torse vient bientôt s'encastrer. Le voilà paré, mais paralysé par ces morceaux d'acier.

— Éminence, je suis là !

Un écho renvoie ses paroles.

— Éminence, je vous attendais ! ajoute-t-il d'une voix amusée.

La scène a eu un témoin. Un mouchard de Son Éminence. Troublé par les dernières paroles du roi, il s'attend à voir surgir le ministre et se recroqueville, par prudence, derrière un paravent. Mais personne ne se présente. L'espion juge alors bon de se retirer, impatient de rapporter l'étrange spectacle auquel il vient d'assister.

Où Cinq-Mars reçoit quelques soins

Henri a poussé un cri de douleur. De sa main délicate, sa maîtresse étale un baume sur les fesses du grand maître de la garde-robe meurtries par les heures passées sur une selle à traquer un cerf. Le froid glacial a obligé Cinq-Mars, qui se morfondait dans son carrosse, à suivre la meute royale. Si on s'était contenté de renards. C'était le jour d'un cerf redoutable et d'un souverain infatigable.

— Il va vous falloir vous endurcir le cuir.

Tout en se moquant, Marion lui pince les flancs. Il éternue. Il a aussi attrapé froid. Dans la cheminée chauffe une bouilloire d'eau où elle a ajouté des épices. Elle est aux petits soins. Cependant, il ronchonne. Le voilà devenu l'animal de compagnie du roi, qui le sonne à tout propos et qui, pour son malheur, a le démon de la chasse.

— Vous êtes bien à plaindre.

Sa maîtresse a fait entendre son merveilleux rire dont il ne se lasse pas, même quand il résonne à ses dépens. Elle rejette sa tête en arrière, découvre ses dents, dévoile ses seins. Une femme ne devrait pas rire ainsi, mais Marion s'en moque. Allongé sur le ventre, Henri l'admire. Cette admiration suffit-elle pour qu'il lui accorde sa confiance ? Depuis Louise, il se méfie. Partout, il soupçonne la main de Son Éminence, dont il n'est qu'un pion, il l'a compris, peut-être un fou, en tout cas une pièce de l'échiquier.

— Si vous parliez de moi au cardinal, me le diriez-vous ? l'interroge-t-il.

Marion s'indigne. Comment peut-il la penser d'une telle ignominie ? Bien sûr, on lui a fait des propositions. Dans son salon, elle reçoit du très joli monde, mais la conversation n'y finit pas consignée dans ses papiers.

— C'est une question d'argent, lui explique-t-elle. Pour résister, il convient de ne pas en manquer.

— D'où viennent vos fonds ?

— Peu importe l'origine, mais sachez que je ne dois rien au cardinal.

Le voilà rassuré. Henri lui avoue son malaise d'avoir à surveiller le souverain pour le ministre. Le rire de sa maîtresse éclate de nouveau.

— Si vous êtes l'animal de compagnie du roi, vous êtes aussi l'araignée du cardinal.

Il ne saisit pas.

— Son Éminence tisse sa toile. Pour vous en dégager, il faut obtenir des privilèges auxquels le cardinal sera étranger.

Henri acquiesce.

— Richelieu vous a fait nommer grand maître, soutirez au roi une charge plus noble.

Voilà des conseils qui semblent bien sages. Il remercie cette tête charmante et bien faite. Quelles options s'offrent à lui ? Premier écuyer ? L'office est prestigieux et il aime les chevaux quand il ne faut pas s'éterniser sur leur dos.

— Vous ne commanderez que la petite écurie, et vous n'aurez sous votre juridiction que les chevaux ordinaires des calèches et des carrosses.

D'où tient-elle tout ce savoir ? C'est qu'on débat de mille sujets dans son cénacle, lui rappelle-t-elle.

— Puisqu'on en est aux écuries, pourquoi ne pas réclamer la grande, qui réunit les haras et les commanderies ? Vous serez en affaires avec l'armée. La gloire, avec en prime l'argent. Toujours l'argent.

Henri applaudit. Il faut qu'il l'épouse.

— Voulez-vous devenir marquise ?

Marion hausse les épaules.

— Buvez, au lieu de divaguer.

Il goûte avec précaution, pour ne pas se brûler. Délicieux. Mais il parlait sérieusement. Sa maîtresse, fille d'un président des finances de Champagne, n'appartient qu'à la petite noblesse de robe. La famille d'Effiat est d'un autre rang.

— Finissez votre bol et revenons à vous. À ma proposition, je vois un autre avantage. Vous serez aussi plus libre envers le souverain. Le jeu n'est pas sans risques, mais il en vaut la chandelle. Il vous faudra manœuvrer pour n'offenser ni le roi ni le cardinal.

Il l'admire de nouveau. Elle pense décidément bien vite.

— Vous êtes encore si jeune, usez de vos charmes, allez-y en douceur.

— Comme vous ?

— Moquez-vous ! Et le breuvage ?

Il renifle un grand coup. Il se sent déjà mieux.

Le Temps des trahisons

Fera-t-il comme elle a dit ? Il promet de respecter ses recommandations. Le sort en est jeté. Un baiser ! Pour sceller leur pacte, le futur grand écuyer quémande un baiser. Mais il reçoit une retentissante fessée et pousse un cri de douleur qui s'entend sur toute la place Royale.

Où Cinq-Mars n'en fait qu'à sa tête

Cinq-Mars fait circuler le bruit de son mariage. Sa tactique est simple : menacer de prendre le large. Il ne doute pas qu'on le retiendra et qu'il sera alors en mesure de négocier son retour. Ce n'est pas du tout la fine manœuvre que sa maîtresse lui avait recommandée. Car la rumeur d'un mariage ne manquera pas de susciter de vives réactions.

Le cardinal ne tarde pas en effet à lui faire la leçon. Au même titre que la maîtresse du roi, un favori n'épouse pas, ou bien c'est qu'il a cessé de plaire et qu'on lui a rendu sa liberté. Cinq-Mars l'écoute poliment, mais prend congé sans laisser voir s'il a changé d'avis. Il n'en a pas changé. Richelieu, que ce silence inquiète, s'empresse d'avertir la marquise d'Effiat, qui dans son château de Chilly reçoit avec retard les nouvelles de la Cour. S'il ne rompt pas sur-le-champ avec cette courtisane, elle coupera les ponts, menace-t-elle son fils. Si elle pensait le punir... Cinq-Mars est ravi de l'aubaine.

Quant au roi, il rumine sa déception. Déjà, on l'abandonne. Les premiers reproches fusent. Cinq-Mars a obtenu de lui qu'il écarte sa maîtresse, et l'insolent veut maintenant épouser la sienne, de surcroît une femme sans noblesse. Louis s'en ouvre au cardinal, qui souligne un point de droit : M. le grand maître n'est pas en âge de convoler sans le consentement de sa mère la marquise. La remarque est juste, mais le roi se méfie du tempérament fougueux de son ami. Il pourrait contourner l'interdit par un mariage dissimulé. Richelieu entend l'argument. Le marquis se risquerait-il à braver l'autorité de l'État ? Ils s'accordent pour estimer qu'avec cet imprévisible jeune homme on ne peut être certain de rien.

Son Éminence imagine aussitôt la parade : l'Église bannira ces unions clandestines. Une ordonnance sera publiée et Cinq-Mars saura le châtiment qui l'attend : la prison. À ce mot, le roi fait une grimace, puis songe que son ami saura se raisonner. Ainsi se laissent-ils en pensant avoir trouvé la riposte. Dans ce royaume, quand surgit un problème, on invente une loi. Et on l'invente d'autant plus vite que le pouvoir est concerné. Les clercs sont priés de travailler d'arrache-pied, puis la mesure est annoncée à grand renfort de publicité. Loin d'en être furieux, Cinq-Mars fête l'événement par un dîner aux chandelles avec Marion. Leur mariage est devenu une affaire d'État. On le prend au sérieux. Il va pouvoir imposer ses conditions.

— Voyez-vous, mon amie, il y a d'autres armes que le charme et la douceur.

Marion esquisse une moue et vide son verre rempli d'un vin de Bourgogne.

— Voyez-vous, lui réplique-t-elle, ces bougies qui éclairent nos visages ? Les reflets qu'elles dessinent sur le vôtre m'effraient un peu. Le feu joue avec vous, mais ne jouez pas avec le feu. Un malheur est si vite arrivé.

Cinq-Mars la ressert et l'invite à trinquer.

— Buvons sans crainte à ce mariage qui n'aura pas lieu mais qui fera de moi un grand écuyer.

Leurs verres s'entrechoquent. Marion boit au titre de marquise qu'elle ne portera pas. Quand ils n'ont plus de vin, Cinq-Mars souffle sur les bougies en riant.

— Voilà ce que j'en fais, de votre feu. Je l'éteins.

Où Cinq-Mars négocie habilement

D'emblée, Cinq-Mars déteste Versailles. Une insignifiante bicoque, indigne d'un monarque, éloignée de tout, notamment de la chambre parisienne de Marion, tendue de damas cramoisi. Il aime trop paraître, courir d'un hôtel vers un palais, voler de repas en fêtes. Le souverain ne lui propose que des tête-à-tête.

Car ce roi, s'il n'avait été roi, se serait fait ermite. Il rêve de forêts, de déserts, loin de la Cour. Ce jour-là, il est parvenu à entraîner Cinq-Mars dans sa thébaïde versaillaise, qu'il lui fait découvrir. Les pièces, admet-il, sont modestes, mais n'est-ce pas là ce qui fait leur charme ? Et ce calme, n'est-il pas divin ? Henri trouve le lieu sinistre. Le vallon marécageux, les bois alentour, tout favorise l'humidité. La goutte au nez, il s'en va bouder à la fenêtre, abîmé dans la contemplation d'une brume qui ne se lève pas. Il aime voir ou être vu. Le brouillard le contrarie.

Le roi à l'inverse apprécie ces brumes, ces bruines et autres injures du ciel. Allongé dans un lit, il remue les couvertures sous lesquelles il s'est glissé. Versailles lui plaît pour ses paysages humides qui l'inspirent.

— Voulez-vous voir mes dessins ?

Henri secoue la tête. S'il consent à les regarder, il faudra le complimenter pour un talent qu'il n'a probablement pas. Le roi ne s'en vexe pas. Il a son favori sous la main, voilà ce qui lui importe. Il murmure son prénom. Henri. Le même que son père. Lui aussi, rappelle-t-il à Cinq-Mars, en a été privé fort jeune.

— *Tu crois, ô beau soleil, / Qu'à ton éclat rien n'est pareil...*

Le monarque s'est mis à fredonner. Car, non content de peindre, il chante aussi. Il écrit même des ballades que ses violonistes de la Grande Bande sont priés d'interpréter. Les airs lui viennent facilement. Certains jours, il pourrait troquer son royaume pour quelques partitions. Mais Cinq-Mars fait comme s'il n'avait rien entendu.

— *En cet aimable temps / Que tu fais le printemps, / Mais quoi ! tu pâlis / Auprès d'Amaryllis !*

Henri esquisse un sourire. Une sérénade de printemps pour un triste jour d'automne. La voix n'est pas vilaine. Quand le roi chante, il bégaie un peu moins. Mais celui-ci s'interrompt.

— Que ruminez-vous près de cette fenêtre ? Songeriez-vous à cette Marion Delorme dont on ne cesse de m'entretenir ?

Puisque le roi a parlé de sa maîtresse, ils vont en parler.

— Sire, dans cette grisaille, comment ne pas songer au rayon de soleil de mon prochain mariage ?

Il a lancé ses mots comme autant de fléchettes, qui transpercent le souverain.

— Voulez-vous risquer la prison ?

Henri hausse les épaules.

— N'y suis-je pas déjà ?

Il entend le souverain soupirer dans son dos.

— Je pourrais y renoncer, ajoute-t-il, si…

Il semble hésiter.

— Si…

Le roi, suspendu à ses lèvres, s'est redressé sur ses coussins.

— … Si l'on pensait à moi pour une charge prestigieuse.

Louis se rassoit sans manifester la moindre surprise. C'est qu'il commence à connaître son ami. Soit.

— Premier écuyer.

S'il croyait satisfaire son favori, il s'est trompé. Cinq-Mars ne prend même pas la peine de se retourner.

— Mais enfin, s'échauffe le roi, on vous appellera M. le Premier, ce n'est pas rien.

— Je ne commanderai que la petite écurie, avec les chevaux ordinaires des calèches et des carrosses, lui rétorque Cinq-Mars qui récite sa leçon.

Le souverain trouve son ami bien renseigné.

— Vous aurez le privilège de me donner la main quand je monterai dans mon carrosse.

La belle affaire. La main, il la lui donne déjà pour quitter le lit, fait-il en se retournant enfin. Une invitation ? Le roi tend le bras. Mais Henri s'écarte et regagne la fenêtre.

— La charge de premier écuyer a déjà été remise à un ancien page, le duc de Saint-Simon. Et pourquoi ? Pour son art de vous présenter un cheval. Un ancien page ! Je suis le fils d'un maréchal de France. La grande écurie, en revanche…

Il voit le souverain embarrassé. Cet office est occupé depuis vingt ans par le duc de Bellegarde. Cinq-Mars s'était préparé à cette objection.

— Vingt ans, c'est bien assez. Le duc est un très vieil homme, il servait du temps des Valois. Il ne paraît plus guère à la Cour et monte encore moins souvent à cheval. Un comble pour un grand écuyer. Pour aggraver son cas, Bellegarde a pris le parti de Monsieur lors d'une conjuration.

Le roi hoche la tête. Il sait tout cela. Ce duc est une relique. Il commence à réfléchir à voix haute.

— Il faudrait le persuader d'y renoncer en lui attribuant d'autres charges que le duc ne manquera pas de négocier pour sa famille. Il conviendra d'y mettre les formes...

Ainsi en va-t-il des privilèges dans ce royaume. De vulgaires affaires de troc.

— M'appellera-t-on M. le Grand ?

Le jeune homme a retrouvé sa gaieté.

— Direz-vous adieu à la folie de ce mariage ? lui répond le roi.

Près de la fenêtre, on acquiesce. Un tel accord, songe Cinq-Mars, n'empêchera pas mes escapades parisiennes. Dans le lit, on s'agite, impatient d'être remercié. Mais à cet instant, un rayon de soleil perce enfin la brume.

— Regardez, sire, le temps se lève, allons nous promener.

Mais le souverain lui a réservé une surprise : une chasse en son honneur.

— Avec ces chevaux dont vous aurez désormais la charge, fait le roi, ironique.

Le Temps des trahisons

Cinq-Mars y consent, beau joueur. Cette visite était un piège dont il se défera ce soir, auréolé d'un nouveau titre. S'il est à ce prix, qu'importe de petites souffrances que Marion apaisera de son baume. Il s'isole dans un recoin pour répéter « grand écuyer ! ». Sur tous les tons, grave, solennel, enjoué, guilleret, euphorique... Deux mots qui proclameront sa gloire aux quatre coins du royaume. Fini « M. le grand maître de la garde-robe », on l'appellera tout simplement « M. le Grand ». En gagnant de l'altitude, les titres semblent avoir l'art de se simplifier.

Où Richelieu est fort mécontent

Le comte de Chavigny est le secrétaire d'État aux Affaires étrangères, par conséquent le premier des diplomates. Rien ne lui est donc plus naturel que de cacher ses sentiments. Or, voilà pourtant qu'il écarquille les yeux en entrant dans le cabinet du cardinal. De riches tentures décoraient l'antre de Son Éminence, mais ce qu'il en reste pend à présent, lacéré. Il tend le bras vers le carnage, ce qui ne manque pas d'agacer son ministre.

— On dirait que vous avez vu un fantôme.

Chavigny abaisse son bras, puis le relève.

— Peut-on savoir ?

— Eh bien, soit. La raison en est la manœuvre de Cinq-Mars pour s'arroger le titre de M. le Grand. Il ne faut pas garder ses humeurs, m'a conseillé mon médecin, on y risque des ulcères.

Il en va ainsi quand il est contrarié : parfois c'est un meuble qui prend, parfois un valet que le cardinal bat jusqu'à dissipation de son courroux. Cette fois, ce fut une scène de chasse des ateliers royaux.

Mais assez parlé de ses coups de sang. Qu'a donné la mission chez les Portugais ? Prétentieux, fort avantageux en paroles, sont les Portugais, davantage que les Français. Est-ce possible ? Et quand le danger se présentera ? Chavigny hausse les épaules : qui sait ? Ils sont donc nos cousins, répond Richelieu, inclinant son profil acéré. Faut-il, malgré tout, les soutenir dans leur lutte contre les Espagnols ? Fournissons-leur des armes, suggère le diplomate. Les troupes espagnoles qu'ils fixeront ne seront plus à craindre dans le Roussillon. Le cardinal hoche la tête : il en avisera le souverain s'il daigne lui prêter une oreille. « S'il daigne » ? La phrase alerte son collaborateur. L'oreille royale se ferait-elle un peu sourde ?

En guise de réponse, son ministre lui fait un peu de lecture : *Il est de beaucoup de Grands comme des feux d'artifice. Il est aisé de les faire jouer, mais impossible de les faire toujours durer en ce jeu...* Et ceci encore : *Un grand homme d'État dont je tairai le nom me disait qu'il était aisé de servir les princes, mais qu'il était quelquefois très difficile de les persuader de se laisser servir comme il faut.*

Chavigny esquisse un sourire : il y a fort à parier que le grand homme d'État est en face de lui. La situation se serait-elle à ce point envenimée ?

— Ces feux d'artifice, déplore le ministre, Sa Majesté les tire avec un autre, il m'arrive seulement les factures.

Le comte s'en étonne. Son voyage n'a pas duré quinze jours, et à son retour c'est la révolution. Le roi boit, mange, court les plaisirs. Faut-il y voir l'influence de... Il faut en effet. Cinq-Mars mène le bal.

Le visage de Richelieu est agité de tressaillements. Quand ses intrigues déraillent, sa nervosité le reprend.

Le cardinal en vient à regretter Mme de Hautefort, dont les manœuvres étaient un jeu d'enfant. Il pouvait aussi compter sur la prévention du roi à l'encontre des femmes. Mais avec ce jeune homme...

Le comte l'a écouté avec une attention qui le fait apprécier de son ministre.

— Ne pourrait-on pas, monseigneur, détacher le souverain de son nouvel ami ? Défaire ce que l'on a fait ?

Chavigny sursaute. Richelieu vient de frapper le sol avec la canne dont il rosse d'ordinaire ses domestiques.

— Trop tard. Sa Majesté a mordu à l'hameçon, une séparation brutale aggraverait le mal. Me voilà réduit à être le gardien de leurs humeurs. À guetter leurs brouilleries. Le jeune loup est dans la place et le lion l'a fait savoir à sa Cour.

Le cardinal a oublié Chavigny et s'est mis à divaguer. Il ne reste plus au diplomate qu'à se retirer.

Où le roi implore le secours de Richelieu

Un remue-ménage agite son antichambre. Des bruits de pas. Des protestations. Richelieu reprend ses esprits et s'empare de son épée.

— La Chesnaye ! appelle-t-il.

Son valet surgit, la mine hypocrite et les yeux fureteurs de l'espion. Mais il n'est pas seul, suivi sur ses talons par un monarque hors de lui. Son serviteur, se plaint-il, a prétendu qu'il n'était qu'un sosie. Richelieu dissimule un sourire. C'est que ses activités l'ont habitué à ne pas douter que toute chose n'ait son double, répond-il pour l'excuser, tout en faisant signe à son domestique de se retirer.

— Il est méchant ! s'écrie Louis, qui n'a pas remarqué la tapisserie lacérée.

Il ne voit plus rien, il est aveugle.

— Qui est méchant ? La Chesnaye ?

Louis hausse les épaules. C'est de l'autre qu'il veut parler.

— Mais qui ça ?
— Cinq-Mars, lâche le souverain.

Richelieu n'a pas résisté au plaisir de l'entendre préciser. Et pourquoi donc est-il méchant ? Il veut un récit. Des détails. Les plus cruels, de préférence. Le roi ne s'en fait pas prier et se vide le cœur.

— Ce soir, j'ai donné un souper en hommage à mon nouveau grand maître. Mais en le surprenant à gâcher les vins les plus fins, en le voyant se goinfrer comme un vulgaire soldat, j'en ai été si écœuré qu'il a fallu lui rappeler le prix de tous ces mets et breuvages ainsi que la misère affreuse du royaume. Et que croyez-vous qu'il m'ait répondu ? Maintenant qu'il est M. le Grand, il n'envisage plus de petites dépenses. Et si l'on en est à lésiner sur quelques bouteilles, de quel royaume médiocre suis-je, moi, le souverain ? Peut-on concevoir pareille insolence ?

On ne le peut en effet et le cardinal ne se prive pas de le faire savoir. Mais ce n'est pas fini.

— Il a également prétendu qu'en buvant ces vins c'est aussi ma personne qu'il honorait, et il a porté un toast à ma santé. N'était-ce pas là se moquer ?

Le cardinal hoche la tête vivement.

— Quand je lui ai signalé que ce n'était pas une vie à montrer en exemple, il a rétorqué qu'il ne prétendait pas servir d'exemple. Mais la vie ne s'envisageant pas sans ivresse, puisqu'on la lui contrarierait, il s'en irait la prolonger à Paris avec des personnes qui en appréciaient mieux les joies. Là-dessus, il a entraîné ses compagnons les plus éméchés.

Durant son trajet depuis Saint-Germain, le souverain a ruminé chaque parole prononcée par son favori et qui a marqué sa mémoire au fer rouge. Le roi est à vif, il saigne de ses blessures et se livre au cardinal dont il espère une consolation, qui ne vient pas. Car celui-ci est pris d'un doute. Le roi s'est-il précipité à Paris pour se plaindre de Cinq-Mars ou pour le retrouver ?

— Puisque vous êtes mon ami, poursuit Louis, je dois tout vous confier. Tandis que j'attendais dans mon carrosse, j'ai envoyé mes gens dans l'hôtel de la place Royale où Cinq-Mars séjourne avec cette Marion Delorme. Elle a fait dire qu'il n'était pas en sa compagnie. On a vérifié ses propos et fouillé les pièces. Il n'y était pas en effet.

Le roi ne recule donc devant rien, se dit le cardinal, qui consent cependant à l'aider.

— Avez-vous aussi cherché chez Ruvigny, l'un de ses proches ?

Louis le remercie de ce conseil, mais demeure immobile au milieu de la pièce, impuissant. Il attend qu'on agisse pour lui.

Richelieu se dirige vers la porte, devinant déjà ce qu'il va trouver derrière : La Chesnaye, qui n'en a pas perdu une miette. Marquis de Ruvigny, rue des Coutures-Sainte-Catherine, souffle-t-il à son valet qui affiche un large sourire. C'est qu'il est en compte avec ce seigneur depuis que celui-ci l'a fait battre par deux de ses hommes alors qu'il le surveillait fort honorablement. Par la force si besoin, ramenez-moi Cinq-Mars. Avec plaisir, Votre Éminence.

De retour vers le roi, Richelieu s'inquiète de sa mine navrée.

— Vous avez bien fait, sire, de manifester votre mécontentement. M. le Grand est d'une rare inconvenance. Faut-il l'attribuer à sa nature ou à sa jeunesse ? Je lui ferai voir qu'il n'est pas dans son intérêt de vous tourmenter ainsi.

Le visage du roi reprend des couleurs. Son Éminence a raison, Cinq-Mars a la fougue de ses vingt ans, et puisque le Ciel lui envoie cette épreuve il s'en va prier pour la réussite de leur entreprise. Le cardinal pousse un grognement. Ce n'est pas exactement ce qu'il voulait dire.

— Votre Éminence, je m'en vais dormir au Louvre, n'hésitez pas à me donner des nouvelles.

Le roi s'apprête à quitter la pièce quand Richelieu le rattrape.

— Après votre raccommodement, pourrons-nous évoquer le sujet de la guerre ?

Le souverain fait volte-face.

— La guerre ? Celle qui fait rage ici ne vous suffit-elle donc pas ? N'avez-vous que cette pensée à l'esprit ?

— Il faut bien l'avoir pour veiller sur le royaume, réplique le cardinal. Le comte de Chavigny vient de m'entretenir du Portugal, qui cherche à secouer le joug des Espagnols. Si nous voulons nous renforcer dans le Roussillon, il serait bon de le soutenir.

— Le Portugal, répète le roi, comme s'il peinait à situer cette terre lointaine.

Et il s'éclipse sans préciser ce qu'elle lui inspire.

Après le départ du roi, le cardinal reprend la plume qu'il repose assez vite, l'air soucieux, pour s'emparer d'un stylet qu'il approche de la tapisserie. Il suspend son geste. Son attention s'est arrêtée sur un motif, un sein, à ce qu'il semble, même s'il y manque ce qui l'entoure d'ordinaire, le ventre, la gorge, les épaules, déjà déchiquetés. Il appuie dessus. Quand il se redresse, le bas de ses reins le fait gémir et c'est le dos cassé en deux qu'il se dirige vers son crucifix en marmonnant :

— La prétention, mal qui gangrène la France, a corrompu le petit marquis. Présomptueux, paresseux, débauché, dépensier, insolent... Il a donc tous les vices. Si encore je pouvais compter sur le roi.

Il s'agenouille péniblement.

— Mon Dieu, aidez-moi à sauver la France ! Mon Dieu, pour qui il n'est point de nuit, veuillez me guider dans ces ténèbres.

Où Richelieu passe un savon

Ses prières sont interrompues par trois coups forts frappés à sa porte. C'est déjà La Chesnaye. Il n'est pas seul. Un enfant l'accompagne, un enfant furieux qu'on ramène à la maison.

— J'espère que pour me convoquer à une telle heure vous avez de bonnes raisons. Ce sinistre personnage – il désigne La Chesnaye, qui le nargue avec un sourire – a prétendu que telle était la volonté du roi qui m'attendait ici. Où se cache le souverain ? Je ne le vois pas.

Son Éminence a reconnu cette outrecuidance qu'il a fait ravaler à plus d'un.

— Parce que vous croyez Sa Majesté à votre disposition ? Après votre comportement à sa table, elle n'était pas d'humeur à vous croiser de nouveau. Si vous persistez dans ces manières, je vous présage un funeste avenir.

— Depuis quand lisez-vous dans les astres ? le coupe Cinq-Mars, qui fait le brave.

Le cardinal bouillonne de rage, mais n'en laisse rien paraître.

— Dans les astres, reprend Richelieu, on lit votre chute imminente. Votre renvoi sur vos terres. De tous les grands écuyers, vous aurez été le plus éphémère. Une étoile filante. Une misérable parenthèse. Une malencontreuse erreur. À quoi devez-vous votre faveur ? À vos yeux. À votre bouche. À votre air de petit muguet. Les muguets se fanent vite.

La gorge en feu, la poitrine oppressée, le muguet se fane sur pied, figé sous la mitraille.

— Avec Sa Majesté, tout à l'heure, nous avons évoqué votre sort...

Richelieu prononce là un beau mensonge dont il ne juge pas Cinq-Mars en mesure de vérifier la véracité auprès du souverain. Il mise sur la fragilité de son protégé, de son rang, qui ne tient à presque rien.

— Et ce sort, poursuit-il plus lentement, assuré de ne plus être interrompu, est suspendu à votre souhait de vous amender.

Une voix crie à Cinq-Mars de se rebeller. Mais le roi est absent, et en son absence, Henri a perdu pied. Alors, il promet de se corriger, de rentrer dans les bonnes grâces du monarque, de mener les missions qu'on lui a confiées. L'enfant furieux prêt à en découdre n'est plus qu'un chien qui se couche.

— Voilà qui est mieux, conclut le cardinal.

Et il le congédie en se replongeant dans ses dossiers, comme si déjà Cinq-Mars n'était plus là. Il lui a lavé la tête, leçon terminée, le jeune bravache n'a plus qu'à se retirer. Étonné d'avoir capitulé si vite, il se dirige vers la sortie du palais, observé par quelques serviteurs, qui tiennent un flambeau et qui lui trouvent un air de somnambule.

Où Cinq-Mars connaît quelques mésaventures

Minuit a sonné aux églises de la paroisse. Après la visite chez Richelieu, l'envie de rejoindre sa maîtresse lui est passée. Il tremble encore et préfère marcher un peu. Un souvenir d'enfance lui revient en mémoire. Dans les souterrains du château de son père, des prisonniers croupissaient sur ordre de Son Éminence, qui utilisait la demeure familiale comme cul-de-basse-fosse. À présent qu'il a quitté le cardinal, il perçoit mieux la menace de ses propos. Risque-t-il lui aussi d'être jeté dans l'une de ces geôles ? Cinq-Mars est pris d'un rire nerveux. Jamais Sa Majesté ne le permettra.

Il longe le Palais-Cardinal, qui s'étend vers le nord, aux limites de Paris. Richelieu a obtenu du roi de vastes terrains qu'il a augmentés des parcelles que d'autres propriétaires ont dû lui céder. Cinq-Mars se présente à la porte qui marque désormais la séparation avec le faubourg dont le lotissement a débuté. Deux hommes en assurent la garde et discutent pour passer le temps. Justement, ils parlent de logement. As-tu fait ta demande pour l'une des nouvelles maisons ? interroge l'un. J'ai démarché un homme du cardinal, répond l'autre. Cinq enfants, ma femme en attend un sixième, j'ai bon espoir. Son Éminence, reprend le premier, s'en met plein les poches. Il revend le terrain aux enchères à des bourgeois, par petits bouts. Oh moi, ce que fait Son Éminence, si l'on me donne ma soupente !

Tapi dans le noir, Cinq-Mars a suivi la conversation. C'est donc ici que Son Éminence bâtit une ville et sa fortune dont on prétend qu'elle dépasse celle du roi. Il marche vers eux d'un pas décidé.

— Nous ne laissons plus passer personne. Ne voyez-vous pas qu'il fait nuit ?

Cinq-Mars tire sur son pourpoint et décline son identité. Les cerbères se consultent du coin de l'œil.

— Connais pas, lâche celui qui est en mal de logement. Des marquis, à Paris, ce n'est pas ça qui manque. Des petits, des moyens, des grands. Mais vous seriez le roi qu'il nous faudrait l'autorisation du cardinal.

— Je sors justement de chez lui, fait Cinq-Mars en haussant la voix.

— Eh bien, retournez-y pour demander un sauf-conduit.

— Je suis le favori du roi, il pourrait vous en cuire.

La première réaction du brave homme est de s'emporter. Quel est ce blanc-bec en dentelles ? Et s'il disait vrai ? S'il rapportait au roi cet incident ? Adieu carrières et familles. Il sonde son collègue, qui hoche la tête.

— Si vous y tenez. Mais s'il y a du grabuge, ne comptez pas sur nous.

Il n'y tient pas. Cependant il ne peut plus reculer maintenant et il s'aventure dans l'une de ces rues qui finissent dans les champs. Le long de la chaussée, des madriers. La lune découpe la silhouette lugubre d'édifices inachevés où des brigands sans doute ont trouvé refuge. Paris, à cette heure, est le repaire du meurtre. Chaque matin, des charrettes circulent dans le faubourg pour ramasser les cadavres de la nuit. La main sur son épée, il avance plus lentement. On chuchote. Ou plutôt on respire très fort. Comme un halètement. Des yeux l'observent. Ces yeux fondent soudain sur lui. Un molosse a surgi des ténèbres, gueule ouverte, aboyant comme un dément.

La mâchoire du chien n'a déchiré que sa manche. Un réflexe lui a permis de l'esquiver tandis qu'il dégainait son épée. L'arme ne dissuade pas l'animal, qui se retourne, les reins souples. Il recule. Prend son élan. Henri a de la peine cette fois à le repousser de sa lame. Un cri troue le silence. C'est lui qui a crié, un hurlement que la peur lui a arraché.

L'assaut suivant, plus violent, le fait trébucher sur un tas de gravats ; il bascule à la renverse. La bête en profite, elle approche, il entend sa gorge qui gronde, il sent son haleine fétide. Alors qu'elle s'apprête à bondir, à son tour, elle pousse un cri affreux, puis s'écroule sur lui, inerte, sanguinolente, la gueule ouverte dans un râle inoffensif. Une main aide Cinq-Mars à se dégager. Le marquis se relève, prêt à tomber dans les bras de son sauveur quand il constate qu'il s'agit de La Chesnaye.

— Vous me paraissiez en bien mauvaise posture, dit celui-ci en essuyant son épée sur le pelage de sa victime. Peut-être qu'il vous aurait mangé tout cru.

Cinq-Mars n'est pas en état de lui répondre, incapable même d'exprimer sa gratitude.

— Heureusement que j'ai mes entrées à la porte de la ville, poursuit La Chesnaye en posant un doigt sur ses lèvres. Mais trêve de bavardages, il faut que je vous ramène au Louvre.

Le jeune homme se résigne à lui emboîter le pas. À mesure qu'ils cheminent en direction de la Seine, il reprend ses esprits. Par quel hasard l'espion de Richelieu se trouvait-il là, en pleine nuit ? Avec le cardinal, il n'est point de hasard. La Chesnaye l'aura sans doute attendu à la sortie du palais avant de le surprendre à parlementer avec les sentinelles. Lorsqu'elles les voient tous deux repasser, celles-ci se contentent de hocher la tête, le regard amusé. Cinq-Mars repense au molosse et interroge le valet sur le pedigree de la bête.

— Son Éminence, qui traversait un village en carrosse, l'a sauvé des griffes de son maître qui voulait le noyer. Le cardinal aime les animaux, mais comme les hommes, il les met au travail. Il garde donc le faubourg pendant la durée du chantier. Un très bon toutou, baptisé du joli nom de « Tudor ». Parce qu'il tue et parce qu'il dort, les deux seules choses à sa portée.

Cinq-Mars a ralenti le pas, étonné par les explications de La Chesnaye.

— Qu'avez-vous à traîner ? s'impatiente le domestique à qui il tarde d'aller se coucher. C'est que je me lève tôt, moi. Le cardinal ne me laisse jamais en paix. Allez, vous avez vos deux bras, vos deux jambes, estimez-vous heureux. Quelle tête faites-vous ! On dirait que vous avez aperçu un autre Tudor. Mais il n'y en avait qu'un en ce bas monde et ce n'est pas vous qui allez devoir expliquer à Son Éminence pourquoi diable il s'est fait occire.

Où le roi se console
avec un tableau

À son retour au château de Saint-Germain, le roi s'est fait frotter à l'huile de jasmin par l'un de ses valets. Un remède auquel il recourt quand il redoute une nuit agitée. Ce soir, toutefois, le remède n'est d'aucun secours. Il se tourne et se retourne, hanté par le souvenir de Cinq-Mars, ses railleries, son départ du repas. Le souverain est bientôt comme une digue qui cède, submergée de toutes parts. Les mains sur les yeux, il murmure des supplications d'une ferveur à lui tirer des larmes. La jolie figure insolente continue à le narguer. Plus il cherche à la repousser, plus elle l'attire au loin tandis que le chien d'Écosse avec qui il partage sa couche émet des grognements sourds, qui semblent lui répondre.

Louis réveille son valet qui dormait en travers de sa porte et qui bondit, affolé. Sa Majesté souffre-t-elle de son embarras de viscères ? Doit-il aller chercher son médecin ? Le roi lui réclame seulement deux flambeaux qu'il va déposer au pied d'un tableau. Le seul qui orne encore les murs de sa chambre ; le dernier à pouvoir, quand il le contemple, alléger ses tourments.

Le peintre y a représenté un cadavre à la peau déjà cireuse. Un corps allongé et presque nu, l'abdomen transpercé d'une flèche dont l'ombre trace une ligne noire sur le ventre. Renversée en arrière, la tête a basculé dans les ténèbres. Un bras, inerte, est soulevé par une femme à genoux dont le front reçoit la lumière d'une torche qu'elle tient, une grande flamme, qui se dresse vers le plafond telle une colonne majestueuse. Dans son dos, une femme en noir, le buste penché, le visage éclairé avec plus de douceur, écarte les bras en signe de miséricorde. Derrière encore, une servante se cache la figure entre les mains. À l'arrière-plan, emmitouflé sous une capuche de drap bleu, un dernier personnage féminin est en prière. Le monarque n'en distingue que les doigts entrelacés et le nez qui pointe.

Une fois encore, le tableau exerce son mystérieux attrait. Est-ce par sa lumière, qui forme la matière de ces êtres ? Le regard du roi se détache du spectacle qu'offre le corps morbide, pour suivre la flamme et rejoindre les quatre veilleuses, témoins sereins du passage de la vie à la mort, qui chacune incarne une part de l'amour chrétien : soin, compassion, chagrin et charité. Mais le soulagement est bref. Son regard se pose de nouveau sur la peau lissée par les reflets. Cependant, la tentation ne dure guère. La flamme aspirée vers le Ciel l'enveloppe de nouveau. C'est un enlèvement. Un ravissement. Apaisé, le souverain regagne son lit, en laissant brûler les flambeaux.

Le Temps des trahisons

À présent, le tableau lance des lueurs tremblantes, comme un bûcher qu'on entretient la nuit pour éloigner une meute de loups. Immolé à ce feu, Cinq-Mars a enfin disparu. Et Louis peut espérer trouver le sommeil.

Où le roi et Cinq-Mars
font la paix

À son réveil, on lui remet un billet que le cardinal a fait porter à la première heure : son protégé est revenu à la raison. Mais c'est le roi qui la perd de nouveau. S'il remercie le Seigneur d'avoir exaucé ses vœux, il croit bon aussi de rédiger une déclaration dont il ordonne la diffusion la plus large pour faire taire les mauvaises langues qui se sont réjouies trop tôt du départ de son favori : *Nous, ci-dessous signés, certifions être très contents et satisfaits l'un de l'autre et n'avoir jamais été en si parfaite intelligence que nous sommes à présent. En foi de quoi nous avons signé le présent certificat : Louis. Par mon commandement : d'Effiat de Cinq-Mars.*

En couchant par écrit leur accord retrouvé, il lui donne un cadre officiel : il lui confère le statut d'un traité de paix entre deux puissances. Nul n'a intérêt, signifie-t-il, à mettre en doute ce bonheur qu'il crie sur les toits. Après avoir soigneusement relu le texte, dont il s'estime aussi *très content et satisfait*, le roi s'avise qu'il manque la signature de son favori.

— La nuit a-t-elle été bonne ?

Cinq-Mars hoche la tête. Il ne tient pas à s'étendre sur sa visite disciplinaire chez le cardinal ni sur sa mésaventure dans le faubourg. Le souverain, veut-il croire, est étranger à la première et n'a rien su de la seconde.

Voyant son ami dans de meilleures dispositions, le roi manifeste sa joie. Tout paraît oublié. Pour qu'une comédie des retrouvailles soit réussie, l'amnésie, même feinte, est recommandée. Suçotant le bout de sa plume, Cinq-Mars prend son temps pour lire cette paperasse. On s'y contente de parler du présent, ce qui engage assez peu sur l'avenir et les variations d'humeur des puissances signataires.

Le roi s'impatiente. Qu'attend Cinq-Mars pour signer ? Une nouvelle charge ?

— C'est qu'on dit vraiment beaucoup de mal de moi, soupire Henri.

— Vous prêtez trop d'attention aux médisants et à une Cour qui est leur royaume.

Le souverain a beau dire vrai, Cinq-Mars n'est guère convaincu.

— Il y en a un qui cherche à me nuire, et en parlant méchamment, c'est à Sa Majesté qu'il nuit.

Il revient certes, mais remis de ses frayeurs, il pose ses conditions. Ce retour lui a été ordonné par le cardinal ? Soit. Celui-ci doit en payer le prix.

— La Chesnaye ! lâche le marquis.

Même s'il a très bien entendu, le souverain lui fait répéter, car c'est un proche du cardinal.

— La Chesnaye, confirme Cinq-Mars, répand sur notre amitié des propos déformés.

— Si cela est exact, concède le roi, il me déplaît que l'on cherche à nous brouiller.

D'avoir formulé la chose, le voilà qui s'échauffe contre ce personnage qui l'a importuné hier et qu'aujourd'hui on accuse d'un nouveau crime.

— Ce La Chesnaye mérite des coups de bâton.

À l'idée de voir rosser cet espion qui l'a humilié en le tirant d'un mauvais pas, Cinq-Mars s'estime vengé. Mais il exige également qu'il soit éloigné afin d'affaiblir le cardinal. Accordé. Cinq-Mars accepte enfin de courber sa charmante nuque pour tracer les lettres de son nom. Même s'il signe sous le commandement du roi, par cet écrit, celui-ci le reconnaît comme son égal en soulignant l'importance qu'il accorde à leur bonne entente.

Le monarque pousse un soupir de satisfaction. Il vient, dirait-on, de l'emporter sur l'Espagne. Toute victoire devant avoir sa célébration, il songe à gratifier d'un cadeau celui avec qui il est désormais *en parfaite intelligence*.

— Un tableau ! Que diriez-vous d'un tableau ?

La toile qui a adouci sa nuit lui est revenue à l'esprit. Encore un de ses chefs-d'œuvre dont on voudra m'encombrer, soupire Cinq-Mars. Le roi le détrompe, il s'agirait d'un portrait, d'un double artistique du protocole où leurs deux noms figurent côte à côte. Cinq-Mars y consent, mais à une condition.

— Laissez-moi choisir le peintre.

Tout prête désormais à négociation.

Où Cinq-Mars
s'en va-t-en guerre

Quand les Français prendront Arras, les souris mangeront des chats. Les Espagnols, qui règnent sur l'Artois, ont fait graver ces deux vers moqueurs sur l'une des cinq portes qui gardent la place réputée imprenable. Arras n'a plus été française depuis Louis XI, qui avait fait vider la ville, fait massacrer ses notables et laissé un assez mauvais souvenir. Vouée au très prospère commerce du drap, la cité est retombée dans les bras de l'Espagne pour reprendre ses échanges florissants avec Anvers et Bruges, également ibériques.

Ils sont ennemis jurés des Français et plus espagnols que des Castillans : voilà tout le bien que pense le cardinal de ces habitants que leur sens des affaires incite à demeurer les sujets de Madrid. Arras est le verrou de l'Artois et l'Artois, la clé de la tranquillité française. Après de nouveaux succès militaires dans le Piémont, le cardinal a persuadé le souverain que le salut du royaume, en cet été 1640, passe désormais par la prise de cette ville hostile que les Espagnols mettront la dernière énergie à défendre. Il faut les saigner.

Le Temps des trahisons

Le roi a quelques réticences. La guerre aggrave la misère, attise la colère du parlement et accable les Français. Il y voit cependant l'occasion d'accroître sa gloire. Une autre raison l'y incite : cette passe d'armes éloignerait Cinq-Mars de sa maîtresse. Le déséquilibre des séjours de son favori s'est accentué au point qu'on ne tolère plus Marion Delorme dans la capitale quand s'y rend le souverain. Heureusement, celui-ci préfère Saint-Germain à Paris, et plus encore Versailles à Saint-Germain.

Après chacune de leurs étreintes, elle supplie Henri de s'attarder. Qu'il fasse lanterner le roi, qu'il mesure son affection à sa patience. Le chant de la sirène porte jusqu'à Saint-Germain, que Cinq-Mars fuit le soir en fouettant sa monture. Si la chose était possible, il volerait. Le cœur battant, il arrive en sueur et gravit quatre à quatre l'escalier de l'hôtel de la place Royale. Qu'a-t-il besoin d'un tel esclavage ? lui murmure Marion. Ne sait-il pas qu'il arrive malheur à qui sert deux maîtres ? Et pourquoi être M. le Grand s'il est en laisse comme un petit chien ?

Cinq-Mars proteste. Il n'est pas l'esclave et le roi n'est pas son maître. Caresses ou reconnaissance, ivresse ou prestige, il refuse de choisir. L'annonce de la guerre a réveillé en lui l'ambition des jeunes hommes de son rang : s'illustrer par les armes. S'y ajoute le souci de démontrer qu'il vaut mieux que ses prises de bec avec le roi, colportées par une Cour jalouse. Par d'autres affrontements plus virils, il entend prouver des mérites qu'il ne devra qu'à sa bravoure. Il brûle de ne plus être seulement un favori ou un amant. Sans doute poursuit-il aussi un fantôme, celui de son père, le maréchal d'Effiat, tombé au champ d'honneur.

Il s'en ouvre à sa maîtresse, qui admet sa défaite. Dans l'attente de son retour, elle se retirera dans un château de la Marne que possède son père. Elle sera sa veuve qui prend le deuil dans sa province.

La courtisane a connu bien des séparations au petit matin. C'est pourtant avec une sincère tristesse qu'elle le regarde de sa fenêtre remonter sur son cheval tandis qu'elle caresse son ventre dont il n'a pas remarqué la rondeur. Le reverra-t-elle ? Elle redoute chez lui quelque folie. Ou le sort injuste de ces batailles que se livrent les hommes dans des champs de blé meurtriers.

Où Cinq-Mars déclame
du Corneille

Attaquée par surprise, Arras l'imprenable tombe aux mains des Français. Les souris ont mangé le chat. Mais investir une citadelle revient à échanger la place d'assaillants pour celle d'assiégés. Pour survivre, des centaines de charrettes chargées de vivres devront forcer le passage au milieu d'Espagnols revanchards. Cette armée chargée de lever le blocus, Cinq-Mars en revendique le commandement et se précipite chez le roi qui, à Amiens, dirige les opérations. L'immensité du défi ne l'effraie nullement. Sans avoir jamais combattu, d'emblée il réclame le premier rang.

Mais l'affection stimule l'imagination. Louis le voit transpercé d'un coup d'épée, gisant sur un talus ou dans une cour de ferme. Cette inquiétude, Henri, qui se méprend sur le roi, l'attribue à de la méfiance. Pour la dissiper, il invoque le nom de son père maréchal. Louis fait la grimace. La guerre n'est pas un héritage et ne se fait pas en dentelles. On y meurt pour de bon, à tout moment, en tout lieu, et il ne veut pas avoir à guetter un messager porteur d'une funeste nouvelle. À l'heure de régner sur l'Europe, il tremble à la seule perspective de perdre son favori.

Cinq-Mars s'indigne. On lui reproche de ne penser qu'à se divertir, et quand il veut être sérieux on lui dit de retourner à ses jeux. Louis admet qu'il n'a pas tort, mais lui faut-il pour autant mettre sa vie en péril ?

Cinq-Mars, agacé qu'on l'empêche de se couvrir de gloire, affirme que celle-ci ne pourra que rejaillir sur la personne du roi. Car il suppose déjà sa réussite et le profit qu'en retirera le souverain. Une telle ardeur ne peut que flatter l'esprit chevaleresque du monarque ; son favori aurait ainsi l'occasion de porter ses couleurs au combat. Cependant il hésite encore.

Pour forcer la décision, Cinq-Mars se met soudain à déclamer : *Il est jeune, il est vrai ; mais aux âmes bien nées, la valeur n'attend point le nombre des années.* Le roi, qui a reconnu ces vers, cède enfin, le cœur un peu serré. Le sort en est jeté : Cinq-Mars sera son Rodrigue.

Où Richelieu tente une contre-attaque

Dans le salon du trésorier de la généralité de Picardie, Richelieu toussote nerveusement. Un chat coincé dans la gorge ? Le chat a pour nom Cinq-Mars. La nouvelle de sa nomination à la tête de l'escorte vient de lui être rapportée par son secrétaire d'État, Chavigny, et sous son crâne roulent de sombres pensées. Si Cinq-Mars réussit dans sa mission, il sera intouchable. S'il échoue, la France court à la catastrophe. Dans tous les cas, le cardinal crie à l'imposture.

Avec un air qui dissuaderait quiconque de se mettre en travers de son chemin, il marche droit sur l'hôtel de ville d'Arras où loge Sa Majesté. Vite, voir le roi, avant que cette nomination ne s'ébruite. Tant qu'une nouvelle n'est pas publiée, elle n'existe pas, on peut encore l'annuler.

Il est accueilli par un roi rêveur qui, songeant déjà aux exploits de son favori, se félicite de cette merveilleuse idée. Richelieu ne la trouve pas merveilleuse du tout.

— La guerre ne se fait pas avec des idées, mais avec des officiers qui ont éprouvé leur bravoure, révélé leur sens de la stratégie, et qui ont assez d'expérience pour qu'on

Le Temps des trahisons

leur confie le destin de notre pays. Autant de qualités que M. de Cinq-Mars, eu égard à son jeune âge, n'a pas eu le temps de démontrer.

Réunies dans une même phrase et proférées sur le ton de la persuasion la plus ferme, ces évidences éclairent l'idée sous un tout autre jour et obligent le roi à une pirouette : Cinq-Mars certes est bien jeune, mais aux âmes bien nées, la valeur n'attend point le nombre des années. Le cardinal reçoit comme une flèche ces vers d'un auteur dont il fut le premier protecteur. Mais que vient faire Corneille au milieu des manœuvres militaires ? Puisque le roi veut de la littérature, il va lui en donner. Et le cardinal dépeint au souverain ces milliers d'Espagnols qui attendront les Français, prêts à profiter de la lenteur des chariots.

— L'encerclement est à redouter. Il lui faudra démontrer du sang-froid, du courage et de l'audace. Or, le sang-froid, M. de Cinq-Mars n'en a entendu parler que par ouï-dire, le courage, il en a pour attirer les regards, et l'audace, hélas, il la réserve à ses propos.

L'homme d'Église a tiré sa deuxième salve. Mais le roi, qui s'est senti visé, lance à Richelieu un regard que celui-ci reconnaît sur-le-champ. C'est le regard tranchant de la disgrâce. L'homme faible, aveugle au danger qu'il fait planer sur une politique menée patiemment, est redevenu le monarque de droit divin.

— Sire, il sera fait néanmoins selon votre volonté.

Où Richelieu
ne s'avoue pas vaincu

Dans le triangle que le cardinal forme avec le roi et Cinq-Mars, il lui reste à entreprendre le troisième sommet qu'il convoque. Le futur général se fait attendre. Lorsqu'il daigne enfin se présenter, il affiche un petit sourire satisfait. Il va le regretter, son sourire, songe l'homme d'Église, il va le manger, l'avaler, et en goûter l'amertume. Mais plutôt que de faire donner le canon comme naguère au Palais-Royal, le ministre adopte un ton protecteur et suggestif.

— Laissez-moi vous éclairer sur ce qu'il vous faudra affronter. La charge de plusieurs milliers d'Espagnols furieux qu'on leur ait repris Arras. Que ferez-vous quand leurs chevaux légers encercleront vos chariots ? Il faudra contre-attaquer. Et si ce sursaut échoue, il faudra essayer encore. Chaque fois, vous perdrez des hommes, des braves qui vous auront suivi aveuglément. Le sang engorgera les chemins. Vous serez pris au piège des corps entassés. Il est possible que vous perdiez la tête, au mépris de votre charge, ruinant à jamais l'honneur attaché à votre nom. Et où sera le roi ? Trop loin pour vous sauver. Si vous êtes assez chanceux pour ne pas être tué, on vous fera prisonnier. Il faudra négocier votre rançon. En plus d'un désastre militaire, vous provoquerez un gouffre financier. Mais vous aurez à reparaître à la Cour, dont je vous laisse deviner l'accueil. Vous serez affublé de jolis surnoms. Les chansonniers se régaleront de la rime entre Arras et Cinq-Mars. Quant au roi, sachez qu'il n'aime que les vainqueurs. La puissance de son royaume est son seul souci. La perspective de vous accueillir en jeune César l'aura séduit. Craignez sa déception. J'ai connu plus d'un jeune héros qui s'est réveillé jeté à bas de son cheval, roulant dans l'ornière de la défaite. Réveillez-vous avant qu'il ne soit trop tard.

Le sourire de Cinq-Mars s'est défait. Le jeune homme gît à présent au milieu des héros déchus et contemple ses souliers qu'il trouve bien petits. Il vient d'apprendre la fragilité des rêves et la facilité avec laquelle on peut les repeindre en cauchemars. Plus tard, il en voudra mortellement au ministre d'avoir étouffé dans l'œuf ses espérances. Pour l'heure, il quémande le plus simple des conseils. Que faire ? Le cardinal, qui aime voir clair dans les âmes, est moins satisfait de sa victoire que de la justesse de son jugement.

— Retournez auprès du roi et déclarez-lui qu'après réflexion vous cédez le commandement à un stratège plus aguerri. Présentez ce revirement comme un sacrifice que vous faites au nom de la France dont vous placez le salut au-dessus de votre gloire. Sa Majesté vous en sera reconnaissante et votre crédit en sortira renforcé. Demandez une autre armée à diriger, moins exposée, mais qui suffira à démontrer votre vaillance. Je vous suggère le corps des volontaires qui regroupe la noblesse, son chef n'a pas été désigné.

Cinq-Mars remercie avec effusion. Dans son soulagement, il n'imagine pas que ce conseil pourrait ne pas être charitable. Car les ducs et les princes seront furieux d'avoir à obéir à un gentilhomme sans expérience et imposé par le roi. En privant Cinq-Mars d'un possible renom et en l'isolant parmi ses pairs, le ministre fait coup double. Le marquis, qui l'ignore, n'en finit pas de lui manifester sa gratitude et il court informer Sa Majesté qu'il renonce à la gloire, moins attaché à sa personne qu'à la bonne marche du royaume. Le roi l'étreint comme un héros de l'Antiquité. Là encore, Richelieu ne s'était pas trompé.

Où Cinq-Mars se lance à l'assaut

— *Et la Bête fit que tous, petits et grands, riches et pauvres, libres et esclaves, reçussent une marque sur leur main droite ou sur leur front.*

Celui qui récite l'Apocalypse à Cinq-Mars est le marquis François de Thou. Son père, parlementaire renommé, avait la terre de Villebon, voisine du château de Chilly. François a vu grandir Henri, qui avait besoin de courir et de se dépenser, tandis qu'il passait son temps à lire et à méditer. Nommé maître des requêtes au parlement, il était allé jusqu'au Levant moins pour se couvrir de gloire militaire que pour assouvir sa passion des civilisations anciennes. De Constantinople, il avait rapporté l'un des manuscrits les plus précieux du royaume, un Nouveau Testament enluminé du XIIIe siècle rédigé en grec ancien. De là, sa prédilection pour les Saintes Écritures.

— *Et la Bête fit que tous, petits et grands, riches et pauvres, libres et esclaves, reçussent une marque sur leur main droite ou sur leur front.*

De Thou répète chaque mot à Cinq-Mars pendant qu'ils arpentent à cheval la colline qui domine Arras. Il ne porte guère Richelieu dans son cœur. Par noblesse d'esprit, il a jadis volé au secours de l'âme damnée de la reine, Mme de Chevreuse, qui fut de tous les complots contre le cardinal. Les intrigues avec le duc de Buckingham, c'était elle. La correspondance secrète entre Anne d'Autriche et son frère, le roi d'Espagne, elle encore. En disgrâce et ruinée, elle allait vendre ses bijoux quand de Thou lui avait avancé une grosse somme d'argent. Richelieu l'ayant appris, car il apprenait toujours tout, il l'a relégué à la fonction subalterne de maître de la bibliothèque du roi. Depuis, le bibliothécaire éprouve une haine infinie contre un cardinal dont il vomit les intrigues si peu chrétiennes. Il se considère comme le héraut d'une croisade contre le Mal incarné par cet imposteur qui a usurpé les habits de l'Église. Une croisade ne saurait être solitaire. On y enrôle ses amis. Cinq-Mars est l'un d'eux et de Thou, brûlant d'une fièvre cardinalice, convoque la Bible pour lui faire voir les turpitudes de Son Éminence. Qui sait si la Bête Richelieu ne l'a pas déjà marqué sur le front ?

Mais si près de la bataille, Cinq-Mars ne veut plus songer à Son Éminence. Il lui tarde de prouver qu'il n'est pas besoin d'être un prince du sang pour être un grand chef de guerre.

— Patience, patience, lui murmure de Thou. Tout vient à point pour qui sait attendre l'heure de la récolte.

Cinq-Mars peine à retenir son cheval. Ou bien est-ce lui-même qu'il peine à brider ?

— Prudence, prudence, reprend de Thou, sinon c'est seul qu'il se présentera face aux Espagnols. L'important est de tenir son rang et, avec l'aide de Dieu, ce soir, Arras sera dégagée.

Le Temps des trahisons

Ils ont déjà rejoint les troupes du maréchal de Châtillon, qui commande l'armée de soutien à laquelle appartient le corps des nobles. Mais l'ennemi vient d'investir l'un de leurs forts et Cinq-Mars appelle à partir en renfort de leurs soldats. D'un geste de la main, le maréchal l'arrête. Un piège : les Espagnols n'attendent que cela. Du reste, l'infanterie s'est déjà dirigée vers ce fort. Châtillon n'a ni l'audace de son grand-père, le célèbre amiral de Coligny, ni la science militaire de son père, qui aida Henri IV à reconquérir la France sur la Ligue catholique. Il redoute aussi d'avoir à justifier devant le roi la mort de son favori, qu'il ménage. Mais Cinq-Mars ayant reçu un commandement, c'est tout son corps qu'il immobilise aussi. À quoi servent-ils ? s'impatiente le marquis. Pourquoi avoir bravé ces dangers si c'est pour assister impuissant au spectacle de leur défaite ? Plusieurs officiers partis en reconnaissance reviennent également exhorter à l'action. Les troupes de l'ennemi se rapprochent. Cinq-Mars, qui a remarqué leur mouvement, les désigne. Maréchal ! insiste-t-il. Châtillon consent enfin à déclencher l'assaut, mais à cet instant, il est touché d'un coup de mousquet à l'épaule. Henri ne s'en soucie guère, il a mis son cheval au galop. Les projectiles fusent autour de lui, mais il fonce à l'étourdie, sans même se soucier qu'on le suive. De Thou, qui se sent l'âme d'un père, s'élance à sa poursuite, entraînant l'ensemble du corps des nobles, qui se retrouve ainsi emporté par la véhémence du jeune marquis.

Arrive ce qu'il fallait redouter. Il devient la cible de l'ennemi et son cheval est tué sous lui. De Thou, toujours à ses trousses, le protège avec sa monture tandis qu'un officier donne la sienne. La scène n'a pas échappé au duc de Mercœur, qui se tient en retrait. Avez-vous vu comme M. le Grand a pâli ? Il s'est adressé à son cousin le duc de Beaufort. Il faisait meilleure figure quand il s'agissait d'aller au bal ou de se pavaner devant Sa Majesté, qui ne reconnaîtrait pas son cher petit favori.

En pleine mitraille, ces jaloux ne songent qu'à railler leur rival. L'alerte n'a pas découragé Henri, qui est reparti de plus belle, en dépit des rappels à l'ordre lancés par de Thou. N'écoutant que sa rage à prouver sa bravoure, il remonte sur son cheval. Sa percée l'a rapproché des régiments d'infanterie du roi qui se déploient autour du fort que les Français viennent de céder. Va-t-il se mettre à leur tête ? Il n'en a pas l'occasion. Un capitaine l'a rattrapé, porteur d'un ordre du maréchal qui, malgré sa blessure, a observé sa progression. On le somme de rebrousser chemin. Ses regrets sont atténués par la satisfaction d'avoir bousculé les rangs ennemis. Il rajuste sa perruque, défroisse ses dentelles, puis cherche du regard son ami de Thou qu'il aperçoit près d'un arbre, tout tremblant.

— La Providence aura sans doute veillé à votre salut, marmonne de Thou, qui n'a rien perdu de son vocabulaire chrétien.

Où Richelieu devient journaliste

Le lendemain, Châtillon, l'épaule prise dans une attelle, dicte son rapport destiné à la Couronne. Après chaque bataille, tel est son pensum : décrire les combats, leurs péripéties, et commenter le récit. Le maréchal se garde bien d'oublier M. le Grand : *Si je ne l'avais retenu par prière et par mon autorité même dont je fus obligé de me servir, il voulait aller donner dans le fort que les ennemis venaient de regagner. Son arrivée apporta une grande joie aux chefs et aux troupes qui avaient été plus de deux entières à soutenir l'effort des ennemis.*

Dans son palais parisien qu'il a déjà regagné, le cardinal parcourt fort mécontent ces feuilles qui ne méritent pas davantage que l'obscurité d'un de ses tiroirs. La *Gazette* de Théophraste Renaudot a donné aussi dans l'éloge en invoquant les mânes glorieuses du maréchal d'Effiat. Un émouvant rappel qui n'est pas davantage au goût du cardinal de Richelieu. Une autre bataille a débuté, celle des mots qu'il entend gagner. Convoqué, Renaudot est sommé de s'expliquer sur ce torchon payé par les subsides de l'État.

Le Temps des trahisons

L'exemplaire de la *Gazette* que Richelieu a jeté sur sa table est copieusement annoté. Accouru de son office de la rue Calandre, le visage empourpré, le journaliste tente de se justifier. Puisque sa mission est de relayer les notices importantes du royaume, il lui a semblé naturel de relever les exploits de M. le Grand, supposant qu'un tel hommage plairait à Sa Majesté. Il suppose mal. Renaudot incline la tête et s'empare de sa sacoche, qui contient une plume et du papier. Il a déjà compris.

— *Nos lecteurs ont pu découvrir dans l'édition d'hier une relation de la bataille d'Arras qu'une joie légitimement suscitée par notre victoire nous a fait publier avec trop de hâte. D'autres communications nous sont parvenues depuis, qui permettent de corriger certains faits et d'établir une version complète et indiscutable de ce triomphe décisif...*

Chaque mot a été prononcé sans la moindre hésitation. Renaudot peine à suivre la nouvelle chronique de cette journée que le cardinal a retournée de nombreuses fois dans sa tête. Faute d'en avoir été le protagoniste, il en sera le mémorialiste. Lorsque le journaliste inscrit le point final, il constate que le nom de M. le Grand a mystérieusement disparu. Effacé. Envolé. Et remplacé par celui du duc d'Enghien, dont on loue désormais la vaillance et le discernement à la tête du régiment des volontaires.

Où Richelieu ose
une manœuvre périlleuse

Les Espagnols se sont retirés et pourtant le roi n'a pas quitté Amiens. La Cour fait mine de s'interroger, mais ce n'est un secret pour personne : il attend son favori qui traîne à Arras auprès de la soldatesque et des créatures qui la fréquentent.

Sa patience a des limites et c'est de fort méchante humeur qu'il regagne Paris, où il retrouve son ministre qui l'est de fort bonne. Sa stratégie de la guerre à outrance a payé, ce que Louis veut bien admettre. Il avait raison, Arras n'était pas imprenable et ces Espagnols n'étaient pas invincibles. On reconnaît enfin ses mérites, constate le cardinal avec plaisir. La guerre est un dessein de longue durée, il convient d'y affirmer sa fermeté, et les Français, à blâmer pour leur inconstance, ont besoin d'un maître qui les aide à la surmonter. Richelieu lui a encore asséné l'un de ses propos généraux. Or, le souverain est préoccupé par un sujet bien plus particulier. M. le Grand.

— Que lui est-il arrivé ? En lisant la *Gazette*, j'ai relevé deux versions qui ne coïncidaient guère.

Prudent, le cardinal avance que la chronique des combats est souvent chose délicate. Mais il s'étonne : le marquis n'est-il pas déjà venu raconter lui-même au roi ses exploits ?

— Il n'a pas jugé bon de le faire, répond Louis, qui ne sait qu'en penser.

Richelieu en profite pour saluer le mérite des maréchaux qui ont œuvré au salut de M. le Grand. Craignant de trop bien comprendre, le souverain réclame cependant des précisions au cardinal, qui déclare que Cinq-Mars a dû être protégé contre ses propres humeurs.

— Quelles humeurs, Votre Éminence ?

Son ministre lui rappelle qu'au milieu de la mêlée on ne maîtrise pas toujours ses nerfs, contrairement à Sa Majesté au pas de Suse.

— Le cheval qui a désarçonné M. le Grand a fini de lui faire perdre la tête et quand il a fallu marcher sur le fort de Rantzau, repris par l'ennemi, on l'a trouvé paralysé de peur.

Cette vision arrache un cri au roi. Lui, le dieu Mars du royaume, comment pourrait-il encore accorder son affection à un lâche ? Il avait rêvé Cinq-Mars héroïque, ce rêve s'écroule.

— Il est des esprits, poursuit le cardinal, qui s'échauffent loin du danger et se refroidissent à son approche. Toute leur force s'est évaporée en discours.

Trop accablé pour lui répondre, le roi ne saurait soupçonner un instant que son ministre, après avoir effacé le nom de Cinq-Mars, cherche à présent à le flétrir. Qu'il torde les faits, les réécrive à sa guise, afin de mieux accorder l'histoire à ses désirs.

— Un des maux de la France est que jamais personne n'est dans sa charge. Le soldat parle de ce que devrait faire son capitaine, le capitaine des défauts qu'il imagine chez son maître de camp, et ni les uns ni les autres ne sont à faire leur devoir.

Le cardinal est retourné à l'une de ses marottes : le caractère des Français et l'organisation du royaume. Mais Sa Majesté est toute à son malheur.

Où Cinq-Mars rétablit la vérité

Cinq-Mars reparaît enfin. À ce retour, Sa Majesté s'est préparée comme à un deuil. Car elle compte le chasser à jamais. Mais le jeune homme a une mine superbe. La guerre lui a visiblement réussi. L'orage devient zéphyr.

Pour justifier son absence, Henri revient avec une excuse : il est tombé malade à Arras. Le roi, qui a la faiblesse de le croire, s'enquiert de sa santé.

— Et la bataille elle-même...

Le marquis ne cache rien de la frayeur qui fut la sienne quand son cheval fut tué sous lui.

— Ce n'est donc pas votre cheval qui vous a mis à terre ?

— Tué, répète son favori qui se lance dans un récit de sa percée. On m'a donné une autre monture que j'ai enfourchée, encore tremblant, mais apercevant au loin les soldats, qui piaffaient devant le fort de Rantzau, j'ai voulu les rejoindre. J'ai ainsi mené l'assaut avec mes volontaires dont je sentais le souffle sur ma nuque. C'est là-bas, devant le fort, me suis-je dit, que l'on reconnaîtra les braves. Un ordre du maréchal de Châtillon m'a arrêté.

Le Temps des trahisons

J'ai envisagé d'y désobéir avant de songer à Votre Majesté. Qu'alliez-vous penser de moi ? On m'a volé ma guerre, mais qu'importe, si la gloire du royaume en est sortie grandie.

En écoutant Cinq-Mars, le souvenir du père de ce dernier, le maréchal, est revenu au roi. Il s'en ouvre au jeune homme, qui sent venir des larmes. La scène est touchante. Jamais ils n'ont été si proches. Mais le souverain avoue sa surprise.

— On m'a tenu un autre discours.

— Et qui donc ?

Non sans hésitation, le souverain lui livre le nom. Le marquis s'étonne à son tour. Il connaît Son Éminence, mais qu'elle soit allée si loin...

— Sire, pourquoi m'avoir fait une telle confidence ?

Louis se contente de l'observer comme on observe un enfant inconscient des périls de la vie. Cinq-Mars prend soudain toute la mesure de la haine que lui voue Richelieu. Il se voit cerné. Ne peut-il pas cependant compter sur le roi, qui vient de lui accorder une indéniable marque de confiance ? Entre le monarque et son ministre, à l'évidence, il y a du jeu. Le petit marquis ne sera-t-il pas toutefois sacrifié le jour où le cardinal l'exigera en rappelant son indispensable présence à la tête du royaume ?

Quand il se retire, Cinq-Mars a pris la décision de se venger. Mais il est isolé ; pareille vengeance ne saurait être accomplie seul.

Où un diable fait son apparition

— Est-il bien vrai que la princesse m'attend dans son hôtel ?
— Qu'on me coupe la langue si je vous ai menti.
— Qu'elle me recevra sans témoins ?
— Elle n'aura d'yeux et d'oreilles que pour vous.

Les yeux globuleux du personnage qui a prononcé cette phrase n'envisagent pas la même direction, ce qui lui donne un regard effaré et fuyant. Quant à ses oreilles, pareilles à celles d'un faune, elles sont si pointues qu'un diable sans doute l'a suspendu un jour à un arbre par ces appendices. Contrefait des yeux et des oreilles, le marquis de Fontrailles l'est aussi du dos, privé de l'apparence normale d'un homme par une impressionnante bosse. Loin d'en avoir honte, il en joue. Puisqu'il ressemble à un démon, il parlera comme tel. Même pour un bonjour, il donne l'impression d'avoir ourdi dans la nuit un complot avec celui qu'il vient de saluer, ou bien d'en préparer un à son encontre. Il semble éprouver la joie de nager dans les eaux troubles de ses propos qui s'adressent ce jour-là au marquis de Cinq-Mars, lequel s'interroge sur l'accueil que lui réservera la princesse. Fontrailles le rassure. Il a remis son portrait orné de détails propres à aiguiser sa curiosité. Mais pourquoi une telle entrevue ?

Là-dessus, Fontrailles a bien une hypothèse. Car il a une hypothèse sur tout. La princesse n'est autre que Marie de Gonzague, l'une des plus remarquables dames du royaume, rattachée par chaque branche de sa famille à une partie de l'Europe : Rhin, Gascogne, Lorraine, Lombardie, Grèce... Elle semble avoir hérité des vertus de chacun de ces pays : résolution, solidité, ambition, raffinement, imagination... Après la mort de son père, duc de Mantoue, la France s'est portée au secours de son duché italien tandis que Marie et Gaston, duc d'Orléans, frère du roi, nouaient une idylle qui a déplu à la Cour. La reine mère, une Médicis de Florence, ne pouvait que haïr une souveraine de la rivale Mantoue. Et le roi a toujours été jaloux de son cadet, plus gai, plus aimable, plus heureux que lui. Pour une fois, la mère et le fils se sont entendus afin d'étouffer cet amour qui les contrariait tous deux. Car le couple royal étant alors sans héritier, cette princesse, en épousant le frère du roi, pouvait prétendre à devenir reine. La princesse a préféré en vouloir au cardinal, comme souvent à la Cour où l'on voit partout sa main puisqu'il y est tout-puissant.

Fontrailles livre le résultat de ses élucubrations. Si elle souhaite le voir, c'est que les différends de M. le Grand avec Son Éminence seront arrivés jusqu'à elle.

— Et sans doute, suppose Cinq-Mars, n'avez-vous pas été étranger à ces bruits.

Le Temps des trahisons

Le bossu recule, effrayé de voir ses mérites ainsi démasqués. Son maître n'est autre que Gaston d'Orléans. Leurs amours passées l'obligent donc à quelques menus services.

— Fontrailles, parlez-moi d'elle !

— Que voulez-vous savoir ? Ses yeux sont d'un bleu très pur, son regard vif invite à faire preuve d'esprit. Ses lèvres sont... non, je ne dirai rien de ses lèvres que je vous laisse découvrir.

— Vous avez l'art de mettre l'eau à la bouche. Et son âme ?

Fontrailles se frotte le bout d'une oreille.

— Je vous parlerai de ce jour où Richelieu m'a chassé du Palais-Cardinal au motif que la vue des monstres l'indisposait. Quand j'ai rapporté la scène à la princesse, elle m'a exprimé une compassion que je n'oublierai pas. Telle est son âme. Par où vous devinez les sentiments que je nourris à l'égard du cardinal.

Fontrailles est en effet l'un de ses adversaires les plus acharnés. Pour Richelieu, le bossu n'est que le serviteur de son maître, le duc d'Orléans, Monsieur, que les complots divertissent. Fontrailles est son rabatteur en chef, il flaire les proies, chargé de recruter des troupes fraîches. Cinq-Mars ne ferait-il pas une belle prise ? Il a suffi de l'allécher par une rencontre avec une princesse du sang.

Les yeux rivés sur la difformité de Fontrailles, Henri éprouve la même pitié sincère que la princesse. Il l'admire aussi pour son entrain. Si de Thou est raide et emporté, Fontrailles est subtil et espiègle. Cinq-Mars ne juge qu'à l'enveloppe. Il ne soupçonne pas tous les stratagèmes que

Le Temps des trahisons

dissimule cette bosse, notamment ce rendez-vous galant soufflé à Marie de Gonzague.

— Ce soir à sept heures, n'oubliez pas, elle vous attend, chuchote ce diable de Fontrailles.

Où Cinq-Mars vise
un peu plus haut

Le favori du roi se prosterne bientôt à ses pieds et multiplie les serments. Quand il plaît d'en douter à la princesse qui n'ignore rien des subtilités amoureuses, il proteste de sa fidélité. Marion Delorme, qui va bientôt accoucher, a vu s'espacer ses visites. Les paroles légères volent de l'un à l'autre comme des papillons. Mais Marie de Gonzague sait joindre l'utile à l'agréable et glisser aussi une pique contre le cardinal.

C'est bien ainsi que Cinq-Mars l'envisageait. Mais ce qui n'était pour lui qu'un profitable divertissement cesse un jour de l'être quand il en vient à éprouver pour la princesse ces sentiments qu'il se flattait seulement d'exprimer. Derechef délaissé, le roi en subit le désagréable contrecoup. Par ricochet, le cardinal reçoit un nouveau chapelet de lamentations. *M. le Grand se prend pour un peu trop grand... Il prend tout, et notamment mon amitié, avec trop de hauteur... L'altitude de la princesse de Gonzague lui fait oublier les réalités qu'il néglige déjà naturellement...*

Avec l'irruption de Marie de Gonzague, le cercle s'agrandit. Les équilibres se déplacent. La liaison de Cinq-Mars contraint le souverain à renouer une alliance avec le cardinal, qui recueille ses doléances. Le soir, après une longue journée de travail, celles-ci lui assurent un peu de lecture. *Quoique j'aie été deux fois vers lui pour le prier que, si j'avais fait ou dit quelque chose qui le pût fâcher, de le vouloir oublier...* Sa Majesté regrette. Supplie. S'humilie. L'homme d'Église a lu avec intérêt la vie des martyrs. Mais ces martyrs n'étaient pas rois.

Face aux reproches du monarque, Cinq-Mars ne s'indigne plus. Ses emportements sont tempérés par la reconnaissance de Marie de Gonzague, qu'il s'est habitué à voir. Car on s'habitue à tout, même aux princesses. Et puisqu'il est déjà son amant, il s'imagine en époux et donc en prince du sang. Pour un simple marquis, la marche est bien haute, mais il ne doute pas de pouvoir la gravir. Lorsqu'il s'en ouvre à elle, il lui est rappelé avec délicatesse la largeur du fossé. S'il est fait d'abord duc, voire pair du royaume, elle pourrait naturellement se raviser. Il en prend bonne note et commence à réviser son histoire de France. À qui furent jadis attribués ces titres prestigieux ? Il s'intéresse à Luynes, un ancien favori qui avait reçu du roi un duché sans être marquis. Encourageant.

Le souverain entend ainsi bientôt reparler de son cher vieux Luynes, qui partageait avec lui sa passion de la chasse. Au souvenir de son ami défunt, il s'assombrit. Devant lui, Cinq-Mars justifie ses prétentions ducales. Il est bien chapitré, songe le roi qui ne dit pas « non », mais qui le renvoie vers le cardinal. En la matière, son accord est indispensable. Bonne chance. Le jeune marquis n'est pas encore duc.

Le Temps des trahisons

Chez la princesse, il ressurgit un jour avec deux paniers remplis de pétales de rose qu'il répand aux pieds de sa bien-aimée. Il est question d'effluves, qui ne sont rien en comparaison des senteurs dont elle l'enivre. Sur le même ton, elle compare ces pétales aux rayons du soleil qui filtrent après la pluie. Mais trêve de poésie, ils ont une affaire en cours, qui n'est pas dans le sac. Avec Richelieu, elle lui recommande la caresse. Caresser le cardinal ? Depuis Arras, il aurait envie plutôt de l'étrangler. A-t-il le choix ? lui fait-elle remarquer. Son sang italien, qui l'emporte chez elle, est un sang politique. Cinq-Mars fait la grimace. Mais il contemple Marie sur son lit de roses et jure que cette épreuve qui lui répugne n'est rien au regard de l'amour qu'elle lui inspire.

— *Allegro mi sembrava Amor tenendo meo core in mano, e ne le braccia avea madonna involta in un drappo dormendo.*

Le jeune homme fronce les sourcils, charmé par la musique de ces vers mais agacé d'en ignorer le sens. *Vita nuova*, Dante Alighieri. Et sur sa bouche, elle dépose un baiser après avoir formulé pour lui tous les vœux auxquels son inclination l'autorise.

Où Richelieu décoche une flèche

Cinq-Mars a sollicité auprès du cardinal une audience qui tarde à lui être accordée. D'autres rendez-vous sont jugés plus urgents. On met à profit ce délai pour réviser le rôle, recevoir les ultimes conseils. Le roi a mentionné la nécessité d'un consentement du cardinal ? Une absence d'objection sera suffisante. Réclamer certes, mais juste ce qu'il faut. Quelles terres demanderez-vous ? Avec Marie de Gonzague, Cinq-Mars consulte une carte qui ressemble à un rêve. Bandez-moi les yeux. Le doigt du marquis tourne en l'air puis retombe sur... l'Avesnois. Près de votre duché des Ardennes, se réjouit-il. Un bon signe.

Son Éminence fourbit aussi ses armes, en solitaire et dans le secret de son cabinet. Préparé à l'objet de l'entrevue, il relit les dernières lettres du roi, dont chaque page porte en creux l'empreinte de l'arrogance du favori. Il s'en imprègne comme d'un contrepoison.

Une date est enfin fixée. Le 16 février 1641. Ce jour-là, sous l'œil scrupuleux de la princesse, le marquis vérifie sa tenue. Pour l'occasion, Cinq-Mars a fait confectionner un pourpoint. Rien d'extravagant. Une sobriété de bon aloi. Venez ! Un long et langoureux baiser couronne ce rapprochement. Il faut bien se donner du courage. Elle s'enflamme, pour un peu elle se livrerait. Venez ! répète-t-il. Mais elle le repousse. Plus tard, oui, c'est promis, pour l'heure, vous avez à faire et je suis de tout cœur avec vous.

Le cardinal laisse venir à lui le marquis, qui ne se voit pas offrir de siège. Perdu au milieu de la pièce, Cinq-Mars en est réduit à gesticuler. Mielleux à souhait, il s'excuse de ses écarts qu'il jure de corriger. On n'aura plus à se plaindre de lui et le roi trouvera en sa personne le plus fidèle et le plus discret des serviteurs. Plus de frasques. Plus d'esclandres. Il ne sera qu'obéissance. Le cardinal prend son temps pour jauger ses progrès. La fréquentation de la princesse a eu du bon. Laissons-le vagabonder. Le jeune homme dévoile enfin ses batteries, noyant les mots qui comptent, « duché », « mariage », mais qui pourraient fâcher, dans des circonlocutions répétées dans son carrosse. Lorsqu'il en a terminé, Richelieu fait mine d'hésiter. En vérité, il bande son arc.

— Je ne crois pas que la princesse ait tellement oublié sa naissance qu'elle veuille s'abaisser à si petit compagnon.

Il a suffi d'une flèche. Elle le transperce, lui coupe le souffle, lui brûle la gorge, fait bondir son cœur dans sa poitrine. Le sol tremble sous ses pieds, une trappe va-t-elle s'ouvrir pour l'engloutir ? Il attend la suite. Il n'y en aura pas. Tout a été dit. De la princesse au petit compagnon, un abîme. Qui ne se comble pas.

L'entrevue est terminée. Le marquis, qui ne sera pas duc, tourne les talons sans un mot et regagne son carrosse, les joues en feu. Lorsqu'il s'y engouffre, il sent sa poitrine se libérer. Plusieurs boutons de son nouveau pourpoint ont sauté. Et il a taché sa culotte.

Où une coalition
fait parler d'elle

Cinq-Mars n'est pas la seule victime du cardinal. Le nombre de ses ennemis n'a d'égal que la variété de leurs exils. Les maréchaux de Vitry et de Bassompierre contemplent les murs épais de la Bastille. Le jeune abbé de Gondi se consacre à un ouvrage sur une conjuration italienne du XIVe siècle où un comte aspire à renverser un tyran. La reine mère se morfond sur les terres germaniques de Cologne. La duchesse de Chevreuse, qui a pris ses distances en Flandre espagnole, se languit de ses folies avec la reine. Le duc de Vendôme, fils illégitime d'Henri IV, découvre l'Angleterre après avoir exploré la Hollande. Relégué dans son château de Loches, le vieux duc d'Épernon, ancien mignon d'Henri III, se contente du spectacle de l'Indre. Réfugié sur ses terres de Lorraine, le duc de Guise trompe son ennui en allant à Sedan s'entretenir avec le duc de Bouillon qui, du haut de sa principauté, adossée à la Flandre, ose encore défier la France. Il y retrouve pour de sombres tractations le comte de Soissons, cousin de Monsieur, le frère du roi, qui eut naguère le projet de faire assassiner Richelieu dans la bonne ville d'Amiens. L'affaire échoua d'un rien, par la faute de l'homme de main, échaudé par la versatilité de Monsieur, qui renonça au dernier moment.

L'ayant bien sûr appris, Son Éminence avait donné un grand coup de pied dans la fourmilière. Éparpillés au-delà des frontières, les conspirateurs sont devenus les membres, malgré eux, d'une internationale du complot. Des agents de liaison entretiennent leur haine du cardinal, sillonnant les routes, porteurs de messages rageurs et impatients dont ils attendent patiemment les réponses. La Cour elle-même, grand château à courants d'air, entretient cette animation. Les rumeurs s'en échappent comme d'une boîte de Pandore, circulant avec une volatilité extrême jusqu'aux esprits les plus instables. Les murs résonnent, le papier transpire. Les enveloppes passent de main en main, décachetées puis refermées avec délicatesse. Quand M. le Grand pense écrire en secret à Richelieu pour l'amadouer : *J'ai une extrême confusion à voir les oreilles de Votre Éminence si souvent frappées de plaintes contre moi*, ses mots voyagent jusqu'à Sedan, Cologne, Anvers, Londres, lus et commentés.

Les malheurs du jeune favori, persécuté par Richelieu, n'ont pas laissé indifférent. Cinq-Mars se voit démarché par de précautionneux émissaires, qu'il n'a jamais vus, mais qui le sondent sur ses intentions. Est-il bien outragé par le cardinal ? Jusqu'où serait-il prêt à aller pour obtenir réparation ? Après de Thou et Fontrailles, voilà d'autres amis en perspective. Mais pour qui travaillent-ils ? Plutôt que de lui répondre franchement, on le prie de jouer au protecteur du comte de Soissons et de son allié le duc de Bouillon auprès du souverain. À bon entendeur !

Flatté de rendre ce service à de si grands seigneurs, le marquis, qui après son camouflet n'a pas osé reparaître devant la princesse pendant un mois, s'en vante auprès de Fontrailles. Celui-ci l'encourage. Cultivez ces relations, qui pensent comme nous, mais prudence : le terrain est miné et surtout surveillé.

Le comte de Soissons n'est pas pour rien un Bourbon. Il a le sang militaire et le goût de l'action. Cinq ans après le fiasco amiénois, il ne décolère pas. Si son cousin d'Orléans est né sous le signe de l'indécision, Soissons, brutal, énergique, volcanique, ne recule pas devant l'obstacle. À la chasse, il fonce droit sur le gibier. En amour, les préliminaires lui sont insupportables. À table, il mange comme quatre. Méprisant la perruque, il laisse ses cheveux lui retomber sur le visage. Ses sourcils en broussaille finissent de lui donner l'allure d'un faune ulcéré. À la faveur des pourparlers avec les ducs de Bouillon et de Guise, il a été désigné pour remplacer Richelieu. En cas de succès.

Ayant sollicité les Espagnols dans les Flandres, il en revient avec sept mille soldats auxquels s'ajoutent quatre mille autres près de Sedan, payés par le duc de Bouillon qui a dressé le plan de bataille dans sa citadelle. Ils auront l'avantage du terrain et de sa connaissance. À l'ouest de la ville, le plateau de la Marfée, situé dans une boucle de la Meuse, se présente comme un magnifique traquenard. Ils y concentreront leurs troupes pour y attirer l'armée royale.

Ce ne sont donc plus des Espagnols mais des princes français que le maréchal de Châtillon aura à combattre. Car le roi a fait confiance au vainqueur d'Arras qui a su emporter une citadelle. Cinq-Mars est prié cette fois de ne pas quitter Saint-Germain. Il ne s'est d'ailleurs pas manifesté.

Le 6 juillet 1641, en déversant sur leurs troupes des trombes d'eau, le ciel est défavorable aux Français. Quand il faut gagner le sommet de la Marfée, leurs chevaux s'y embourbent, les hommes y laissent des forces et la violence de leur charge sur le plateau en est amoindrie. Les Sedanais résistent à l'impact, puis sortent leur botte secrète, le contournement des collines par les flancs qui prend Châtillon à revers. La débandade est magnifique. Chariots et bagages sont abandonnés par les assaillants, qui doivent redescendre au pas de course ce qu'ils ont eu tant de peine à gravir. La plus grande armée d'Europe est humiliée. Là où les Espagnols ont échoué, des Français réussissent avec éclat. Le royaume en est gravement menacé.

Où Cinq-Mars se livre
à une étonnante démarche

La nouvelle parvient à l'hôtel de ville d'Amiens, où le roi a repris ses quartiers, bientôt rejoint par Richelieu. Il y règne une consternation préoccupante. Le cardinal les voit perdus. S'il excelle dans la lenteur patiente des intrigues, la brutalité des batailles et le soudain renversement de leur cours l'exposent aux découragements les plus violents.

Le roi n'a pas ces fragilités, au contraire : il se révèle dans l'épreuve. Il accueille en martyr le malheur qui fouette son orgueil et l'oblige au plein exercice de sa charge. Ses faiblesses ne le tourmentent plus, le voilà tout à sa mission.

Sur leur déroute, il livre du reste le bon diagnostic : ils se sont laissé attirer sur le terrain de l'ennemi. Sedan était le cœur de la rébellion, se justifie son ministre ; la cité conquise, la tranquillité du royaume était assurée.

— Éminence, vous avez voulu refaire le coup d'Arras, je ne vous le reproche pas.

Si, bien sûr, il le lui reproche. Fallait-il repartir si tôt en campagne ?

— Vous déploriez un jour l'impatience du marquis de Cinq-Mars, vous l'êtes, vous aussi, parfois.

L'allusion au favori a blessé le cardinal, mais le roi pousse son avantage, c'est de bonne guerre. Son Éminence se tait. Le souverain, qui ne fait rien pour atténuer le désarroi de Richelieu, annonce qu'il ira se porter au-devant de leurs soldats.

— Qu'on prépare le château de Mézières, ordonne-t-il plein d'entrain, on ne me fera pas deux fois le coup de la Marfée.

Il n'a jamais douté de ses qualités de guerrier et ce revers lui donne l'occasion de se présenter en sauveur.

— Si nous avons vaincu les Espagnols, Dieu ne permettra pas que nous succombions à la traîtrise de princes français.

Le roi montre là toute l'étendue de sa foi.

— La Providence, sire ?

— Vous n'y croyez pas, Éminence ? Vous, le prélat ?

— Laissez-moi, sire, séparer la religion des affaires de l'État.

Le débat pourrait être brillant, mais l'urgence les dissuade de le lancer.

Parmi les silhouettes qui hantent le petit hôtel de ville d'Amiens, il en est une qu'avec un peu d'attention on remarquerait pour sa démarche raide et ses yeux qui lancent des éclairs. Elle laisse aussi traîner ses oreilles. De Thou est là pour le compte de la reine, qui n'a pas renoncé à se tenir informée des intrigues de la Cour. Mais c'est à Cinq-Mars qu'il rapporte ce que l'on vient de lui confier sous le sceau du secret : la détresse de Son Éminence, après le désastre de la Marfée.

Le Temps des trahisons

À cette annonce, le marquis se frotte les mains. Excellent. Son heure a sonné.

— Mon ami, je vais faire une petite visite chez le cardinal.

— Et pourquoi donc ? s'inquiète de Thou.

— Richelieu est dans l'embarras, je peux l'en tirer, ce dont plus tard il me sera redevable.

L'homme de la reine hausse les épaules.

— Le cardinal a-t-il jamais fait preuve de gratitude à votre égard ? Quel besoin de lui porter secours après tous les coups qu'il vous a donnés ? Le voilà dans la difficulté, pourquoi ne pas l'y laisser ? De grâce, ne vous en mêlez pas !

Cinq-Mars fait le sourd. Par orgueil ? Parce qu'il est curieux d'observer son ennemi enfin à terre ? Ou pour vérifier ce qui n'est peut-être qu'une fausse rumeur ? Il l'ignore lui-même, mais c'est plus fort que lui.

— Je vous en supplie, insiste de Thou.

Cinq-Mars le repousse pour se précipiter chez Son Éminence, qu'il trouve la tête entre les mains. C'était donc vrai. Ce spectacle ne dure guère, car le cardinal s'est déjà redressé, furieux d'être surpris. Que veut-il ? Le plus sincèrement du monde, Cinq-Mars exprime sa tristesse de le voir affligé par le sort qui a touché leurs armées.

— Ne l'êtes-vous pas également ? aboie Richelieu.

— Bien autant, répond le marquis machinalement avant d'ajouter : Il est un moyen d'empêcher Soissons de profiter de sa victoire.

À ce nom, le cardinal reprend ses esprits et s'étonne. Quel lien avec Cinq-Mars ?

— Et quel serait ce moyen ? demande-t-il, incrédule.

Cinq-Mars ne peut s'empêcher de faire l'important et déclare :

— Je puis l'arrêter.

Il a dit cela comme s'il parlait du soleil.

— Faire comprendre à Soissons, précise-t-il, qu'il aura tout à perdre à prolonger son aventure.

Son « aventure » ? Quel mot étrange pour désigner une rébellion ! Le cardinal a souvent négocié avec les grands du royaume, mais après une telle défaite, il n'a pas songé, il l'admet, à la voie diplomatique. On ne gagne rien à parlementer en position de faiblesse. Cinq-Mars aurait-il été averti de l'offensive sedanaise ? L'hypothèse effleure le cardinal, qui l'écarte bien vite. Absurde ! Il songe seulement au répit dont bénéficierait le royaume. Ne mordons pas la main que l'on nous tend, même si elle est à ce marquis. Et du bout des lèvres, il salue la démarche.

— En agissant ainsi, monsieur le Grand, vous rendriez service au roi.

C'est tout ce que Cinq-Mars voulait entendre. Il se retire, convaincu qu'il vient de sauver la France.

Lorsqu'il est seul de nouveau, Richelieu repense à l'étrange proposition. Pourquoi son visiteur a-t-il affirmé avec autant d'assurance qu'il pouvait raisonner Soissons ? Un de ses mouchards, se souvient-il maintenant, lui avait bien mentionné l'éventualité d'un contact établi entre les deux par un intermédiaire. Un renseignement qu'il se reproche d'avoir négligé. Il faudrait mettre la main sur cet émissaire. La lumière se faisant enfin dans son esprit, un autre paysage se révèle à lui. Le favori aurait-il noué alliance avec les personnages les plus dangereux du royaume ? Mais dans quel dessein ? Cette révélation lui inspire un effroi plus grand encore que la défaite des armées.

Où intervient un retournement de situation

Soissons était affecté d'une manie qui participait de son extravagance. Pour redresser la visière de son casque, ce trompe-la-mort utilisait non sa main mais le canon de son mousquet. Le lendemain de la bataille de la Marfée, revenu déambuler sur le théâtre de ses exploits, il renouvelle ce geste accompli machinalement. A-t-il l'esprit ailleurs tandis qu'il chemine au milieu des cadavres de l'armée royale ? S'est-il égaré dans des rêves de gloire qui lui font oublier son doigt sur la gâchette ? S'il avait voulu se faire sauter la cervelle, il ne s'y serait pas pris autrement.

M. de Soissons disparaît donc de la surface de la terre, cessant par là même d'être un sujet de préoccupation pour Richelieu et son maître. Le roi avait invoqué la Providence, qui Se manifeste parfois sous des formes imprévisibles. Qu'importent Ses voies, songe-t-il en remerciant Dieu qui a exaucé ses prières.

Le cardinal, qui cantonne la religion à son clergé, refuse de souscrire à cette intervention divine. Dieu n'écrit pas l'Histoire. D'autres s'en chargent à Sa place. Il répand donc le bruit qu'un espion à sa solde, embusqué derrière un arbre, a fait feu sur le comte. La Providence, c'est lui. Son Éminence a bien de l'imagination, se contente de déclarer le souverain à qui l'on a rapporté cette version.

Ayant perdu son chef, la coalition perd bientôt son âme. Le duc de Bouillon n'a ni le panache ni l'assurance de son allié. Négligeant d'exploiter sa supériorité militaire, il attend le roi dans sa citadelle de Sedan, qui se referme sur lui comme un piège. *Pas deux fois le coup de la Marfée*, a prévenu le souverain qui met à profit la passivité de son adversaire pour encercler la citadelle, qui ne résiste pas huit jours. La gloire de Louis XIII est à son apogée.

Ce que le roi a nommé « Providence », Cinq-Mars l'appelle « malédiction ». Avec la mort du comte de Soissons, sa mission de bons offices tombe à l'eau. Pis : il s'est démasqué, et en pure perte. De Thou l'avait pourtant prévenu ; tel un enfant, qui regrette sa bêtise, il s'en va rapporter sa proposition insensée à Fontrailles, qui pousse des cris d'orfraie : autant aller se dénoncer au cardinal en faisant des aveux signés. Le jeune homme admet sa bévue, se laisse gronder et promet d'être plus sage. Fontrailles pousse un grognement. Avec de tels chefs, la conjuration a toutes les chances de se terminer sous la hache du bourreau. À qui se fier ?

Avec Monsieur, qui a la stabilité d'une girouette, et le duc de Bouillon, qui n'ose plus bouger, ils sont loin du compte. Voilà le bossu qui se met à additionner les forces. Mais il doit s'y reprendre à deux fois, car il n'a pas la bosse des mathématiques. Et la reine, vous ne l'additionnez pas ? lui lance Cinq-Mars.

Le Temps des trahisons

Fontrailles se tord le nez. Il est vrai qu'on peut difficilement faire sans elle. Peut-on faire toutefois avec elle ? Il ne la retrancherait pas, mais d'ici à l'ajouter… Cela ne signifie pas cependant qu'elle soit quantité négligeable. Cinq-Mars, qui n'a rien compris à ce curieux algèbre, songe à de Thou. Il pourrait aller sonder la souveraine. Où penchera-t-elle ? Par le passé, jamais elle ne fut défavorable à une action contre le cardinal ; parfois même, elle en fut à l'origine. C'est bien là ce qui inquiète le bossu. Elle s'y est brûlé les doigts et n'est sans doute guère pressée d'y retourner, ou alors avec des précautions extrêmes. Or, Fontrailles fréquente assez Monsieur pour savoir que les grands du royaume manifestent de l'enthousiasme au début des affaires, avant d'être frappés d'amnésie dès qu'elles tournent mal. En d'autres termes, on ne peut compter sur eux. Mais leurs noms favorisent des ralliements.

Fontrailles se frappe le front. La princesse de Gonzague ! Elle s'entend bien avec la reine, qui n'aime pas le cardinal, ce qui devrait faire de la souveraine un possible soutien. De l'algèbre, il a glissé vers une géométrie des forces.

— Monsieur le Grand, voyez-vous toujours la princesse ?

— Comme si vous l'ignoriez.

— Parfait. Votre amie pourrait la solliciter. Deux émissaires valent mieux qu'un.

Le marquis acquiesce avec enthousiasme, pressé de retrouver celle qu'il a laissée au milieu de l'acte III du *Cid*. Après la poésie, ils sont passés au théâtre. Marie est Chimène, il est son Rodrigue. Et Monsieur ? Il lui tarde de rencontrer son allié.

— Bientôt, lui assure Fontrailles. On vous a tant calomnié qu'il doit penser de vous beaucoup de mal, mais en vous voyant, il constatera que vous n'êtes pas si mauvais.

Cinq-Mars le remercie de ce compliment et écarte les bras. En somme, songe-t-il, il tisse une toile. Le voilà à présent qui se prend pour une grande araignée.

Où il est question d'une croisade

— *Je suivrai ton exemple et j'ai trop de courage pour souffrir qu'avec toi ma gloire se partage. Mon père et mon honneur ne veulent rien devoir aux traits de ton amour ni de ton désespoir.*

La princesse de Gonzague n'est pas sans talent théâtral. Sa naissance lui interdit le métier, mais sa fougue à dire les grands textes est de celles qui emportent. Cinq-Mars, sous le charme, tarde à enchaîner.

— *Hélas, quoi que je fasse, ne pourrais-je à la fin obtenir cette grâce ? Au nom d'un père mort, ou de notre amitié, punis-moi par vengeance, ou du moins par pitié…* Ah, malheur, jamais je n'y arriverai.

Sa langue a fourché ; le marquis n'a pas les facilités de sa maîtresse.

— Laissons ces vers, je préfère les exploits de votre père.

Il s'est penché vers la princesse qui trône dans son fauteuil, un médaillon accroché en pendentif : le portrait du duc de Mantoue. Lorsqu'il cherche à s'en saisir à la naissance de sa poitrine, elle se dérobe. Il est jaloux d'un mort, qui a fondé l'une des plus somptueuses villes de France, baptisée Charles-Ville en son hommage. Carolus Dux. Charles Duc. Mais quelles sont ces lettres qui suivent son nom ? M-N-R-M, déchiffre-t-il. Mantoue. Nevers. Rethel. Montferrat. L'orpheline les a énumérés d'un ton morne. Quatre duchés pour un seul homme, soupire celui qui désespère d'en avoir un. N'a-t-il pas aussi combattu les Turcs pour se faire couronner empereur à Constantinople ? Eût-il réussi, elle serait impératrice d'Orient.

— On aspire toujours à s'élever au-dessus de sa condition, déclare-t-elle en lui lançant un regard ironique. Il avait votre âge. Il voyageait dans les cours d'Europe, s'intéressait aux hommes, aux arts et à Dieu. Lors d'un séjour à Vienne, il apprit qu'une armée se formait pour délivrer Budapest des Turcs. Il s'y rendit, il y fut blessé. Mais il y rencontra des soldats grecs qui lui décrivirent les misères de leur pays asservi. Il échafauda une entreprise, grandiose, la dernière de nos croisades, où seraient enrôlés des chevaliers de toutes les nations. Le pape lui donna sa bénédiction. Et puis...

— Et puis ? fait Cinq-Mars, impatient de connaître la suite.

— Oublions les défaites, répond la princesse, ne retenons que cette croisade. Quel sera notre Grand Turc ?

La devinette est facile. Le cardinal. Gagné. Le marquis a le droit de venir s'agenouiller à ses pieds.

— Du Turc, il a le fiel et l'infamie. Qu'une nuit épaisse tombe sur l'impie !

Elle parle en tragédienne, qui rêve de gestes irréparables.

— Qu'un matin le soleil se lève sur nos têtes et qu'il n'en voie plus les rayons, réplique-t-il.

Les paroles ont un sens. *Qu'un matin le soleil se lève sur nos têtes et qu'il n'en voie plus les rayons.* Est-ce bien cela ? A-t-elle bien compris ? Il confirme. Ce n'était pas pour faire des vers.

— Il me tarde, mon ami, que ce jour arrive.

Et elle abaisse le bras comme on abaisse une lame.

— Ne songez plus aux bienfaits qu'il a eus pour vous, mais au soulagement du royaume. Formons nous aussi une milice.

— La reine en sera-t-elle ?

Elle lui en touchera un mot, assure la princesse. Les yeux de Cinq-Mars promettent à la fille qu'il marchera sur les traces du père.

— Qu'est-ce qu'une croisade ? Un ordre de Dieu. Une très bonne action, récapitule-t-elle. On ne part plus tuer de musulmans, mais il en est d'autres, tout aussi musulmans, qui logent à Paris. À mort l'infidèle ! Pour tromper le cardinal, mon ami, mettez de la douceur sur votre visage.

Le médaillon doré lance à présent des reflets ensorcelants. Le jeune homme le fixe avec un mélange de douceur et de dureté.

Où l'on traverse Paris
pour comploter

Leurs regards s'évitent. Ils n'ont rien à se dire. De Thou est allé prendre livraison du duc de Bouillon à l'hôtel de Mesmes, rue du Temple, l'adresse de ses séjours parisiens. Un carrosse assez rustique les ballotte jusqu'au palais du Luxembourg, la résidence de Monsieur. Le duc se plaint de l'inconfort du véhicule. De Thou pousse un grognement plus discret. Passons inaperçu, monseigneur. Le duc acquiesce, sage précaution, puis se met à siffloter un air d'opéra. De la musique profane, note de Thou, contrarié. En plus, il siffle faux. Il lui tarde de retourner à ses prières. Jouer les intermédiaires ne lui plaît guère, surtout depuis qu'un meurtre a été évoqué. Sa piété lui interdit le crime. Évincer Richelieu, oui ; le supprimer, non. Il recrute, achemine, le reste ne le regarde pas. Mais moins il en sait, plus il s'inquiète.

En franchissant la Seine, le carrosse heurte une borne. Le choc les envoie valdinguer l'un contre l'autre ; leurs crânes se frôlent, pour un peu ils s'assommaient. Le duc a un mouvement d'humeur. On veut déjà nous tuer ?

Il veut bien comploter, mais tout de même ! Sedan lui manque soudain, sa forteresse, son épouse, Éléonore, pour qui il a abjuré sa foi protestante. Là-bas, il y est une sorte de roi, à l'abri derrière ses remparts. À Paris, il n'est qu'un prince parmi d'autres, contraint de surcroît à la clandestinité.

En se retrouvant projeté vers lui, de Thou s'est aperçu que le duc n'avait pratiquement pas de cou. Le cardinal ne pourra pas le décapiter, songe-t-il en riant sous cape.

— Qu'avez-vous à sourire ?

Bouillon a plissé les yeux, la tête engoncée, comme un oiseau de proie aux aguets.

— Si nous nous étions assommés pour de bon, imaginez l'effet à notre entrée chez Monsieur.

Le duc ne trouve pas ça drôle. Il ressemble maintenant à une poule courroucée. Au moins, il ne sifflote plus.

— Qui sera présent ?
— Vous serez rejoint par M. le Grand.
— Ce...

Le duc s'apprête à en dire du mal quand il se souvient que son interlocuteur est l'un de ses amis. Il se méfie de ce Cinq-Mars, si jeune, si capricieux, si vite arrivé. Être l'otage de ses démêlés avec le cardinal ne lui dit rien. D'ailleurs, qui sait s'ils se détestent vraiment ? Son Éminence ne se servirait-il pas du marquis comme appât pour les attirer dans un piège ? L'idée serait osée, mais brillante.

Les chevaux se sont mis au pas. On passe sous un porche. Des voix étouffées se font entendre. Ils entrevoient, éclairé par une torche, un visage hideux que le

froid fait ressembler à une gargouille des tours de Notre-Dame. C'est Fontrailles.
— Nous sommes arrivés.

Où l'on est au cœur du complot

M. le Grand presse les mains du duc de Bouillon pour lui témoigner toute son affection. La scène est observée avec bienveillance par Monsieur, un cœur bon, qui goûte ces atmosphères feutrées, où quelques amis rêvent à un avenir meilleur. Mais à en croire Cinq-Mars, cet avenir s'assombrit.

— L'état de santé de Sa Majesté est alarmant. Des embarras de ventre qui l'épuisent. La mort l'obsède, il m'en entretient sans cesse. Seule le réjouit la perspective de la guerre. Il en espère une fin glorieuse. Que ferons-nous s'il rend l'âme ?

Le marquis a préparé son discours avec la princesse, qui lui a conseillé des phrases brèves.

— Le petit Louis a trois ans, poursuit-il. La reine tremble à l'idée qu'on lui retire ses enfants. Le cardinal aura tous les pouvoirs, redoutons l'usage qu'il en fera.

Il lorgne vers Monsieur, qui a tout à craindre de la disparition du roi. Sur la liste des bannis, le souvenir de ses conspirations lui vaudra la place d'honneur. Mais Monsieur est doué d'un talent inégalable pour oublier le passé même si ce qu'il apprend là le contrarie. Et quand il est contrarié, il tapote sa moustache. Ses yeux jettent des flammes, il paraît ruminer un plan magnifique qu'il hésite à dévoiler. Il va… prier pour la santé de son frère et lui rendre une visite pour s'entretenir de sa présence au Conseil. Comme d'habitude, Monsieur, uniquement préoccupé de sa personne, n'a aucun plan et attend qu'on lui en propose un.

— Et le cardinal ? s'impatiente Cinq-Mars. Qu'en pense notre ami le duc ?

Le duc de Bouillon jauge ses acolytes. Il est bien beau de se dire ami, mais jusqu'où s'y fier ?

— Soyez assurés de ma présence à vos côtés.

— Il faudrait…

On se tourne vers Monsieur, qui n'en avait pas fini.

— Il faudrait que M. le cardinal soit aussi malade que Sa Majesté. Qu'il soit même plus malade !

« Plus malade » ? Et quel état envisage-t-il exactement par là ?

— Voulez-vous dire…

— Oui, qu'il puisse mourir !

À peine a-t-il laissé échapper ces mots qu'il semble vouloir les rattraper, effrayé par leur audace.

— A-t-on au fait des nouvelles de sa santé ? se reprend-il.

— S'il s'affaiblit, soyez certains que nous en serons les derniers informés, répond Cinq-Mars.

Monsieur a eu le mérite de faire rouler la mort du cardinal, ou du moins son hypothèse, comme une grenade jetée au milieu de la pièce. Qui osera la ramasser ? Cinq-Mars revient vers Bouillon.

— Qu'en pensez-vous ?

— Il ne faut rien exclure, répond le duc, prudemment.
— Même une issue fatale ?
— En est-il qui ne le soient point ?
Le duc n'aime pas qu'on le force.
— Mais par l'amitié qui vous liait à Soissons, n'êtes-vous pas en grand péril ?

Cinq-Mars ne le lâche pas. Après la Marfée, la clémence du roi l'a sauvé. De Son Éminence, il ne pourra en espérer autant.

— Je suis tout disposé, ajoute à contretemps Monsieur, qui ne précise pas à quoi.

Le duc de Bouillon lui lance un regard peu aimable. Chalais, Montmorency... Eux aussi avaient reçu le soutien de Monsieur. Tous, de nobles gentilshommes. Tous abandonnés en pleine conjuration. À cette liste, il n'est pas pressé d'ajouter son nom.

— À passer à table ? lance Bouillon à Monsieur qui s'indigne.

Il les accueille amicalement, et voilà leurs remerciements.

— Disposé à entreprendre contre M. le cardinal, répond Monsieur d'une voix ferme dont il se félicite.

— À la bonne heure, murmure Bouillon.

Allons, allons. Cinq-Mars est obligé de jouer les arbitres. Monsieur est de nouveau sollicité. Leur entreprise passe par la générosité de son beau-frère, le roi d'Espagne. Sans lui, pas de nouvelles troupes, conviennent-ils. Finie l'époque où les grands du royaume finançaient eux-mêmes leurs soulèvements. Pressurés par Richelieu, ils doivent s'en remettre à l'étranger.

— Quel serait le besoin ? s'enquiert Monsieur.
— Cinq mille cavaliers, avance Cinq-Mars.

— Six mille, corrige le duc, et plusieurs milliers d'hommes à pied, avec le nécessaire pour leur entretien.

— Plus trois cent mille écus pour lever des troupes dans le royaume, ajoute Cinq-Mars.

— Quatre cent mille, renchérit le duc, qui s'y connaît mieux en intendance.

Puisqu'on en est aux souhaits, il n'est pas interdit d'espérer que l'Espagne, en mauvaise posture dans sa guerre contre la France, accueillera d'un bon œil cette initiative. Ce qu'elle n'a su gagner par les armes, elle l'arrachera par la traîtrise.

Il faut encore parler argent. Car toute conjuration est synonyme de pensions que les Français, une fois de plus, paieront avec leurs impôts. Eu égard à son rang et à ses liens avec Madrid, Monsieur aura droit à la plus grosse part. Le duc et le marquis se partageront le reste. La princesse, qui n'a rien à offrir sinon ses encouragements, n'a rien demandé.

Lorsque chacun s'est occupé de soi, il est temps de songer au royaume. Les places conquises lors des dernières campagnes seront rendues à l'Espagne. Monsieur acquiesce. Le duc n'y trouve rien à redire. Puis Monsieur s'avise qu'il serait bon que les territoires gagnés par leur armée lui soient d'abord remis, afin qu'il décide de leur sort. Il observe ses acolytes. Le duc n'a pas d'objections, à condition que Madrid lui fournisse plusieurs régiments pour défendre sa principauté de Sedan que les armées royales menacent depuis la Marfée. Accordé. Qu'exigera l'Espagne en retour ? Question embarrassante. Mais Cinq-Mars ne veut en éviter aucune. Sans doute obligera-t-elle la France à renoncer à tous les traités qu'elle a signés avec les pays protestants : Suède, Hollande, princes d'Allemagne... Ainsi toute l'œuvre diplomatique menée depuis François Ier sera-t-elle défaite par haine de Richelieu. Une clause est ajoutée, affirmant qu'ils n'ont aucune intention hostile envers le roi. Une manière de se prémunir contre l'accusation de lèse-majesté. On n'est jamais trop prudent.

— Et la reine ? s'écrie Cinq-Mars. Ne la négligeons pas.

— Nous ne négligeons jamais la reine, soupire Monsieur, nostalgique de leurs vieilles intrigues.

— De Thou, l'un de ses hommes de confiance, pourrait obtenir son aval, propose le marquis.

On acquiesce. A-t-on oublié quelque chose ? Quelqu'un ? Secouant la tête, ils se félicitent de cette soirée. Quant au châtiment qui attend le cardinal, il sera toujours temps d'en fixer les détails. Le duc est méfiant, cynique, brutal. Le prince, emporté, irrésolu, susceptible. Le marquis, influençable, volontaire, inconscient. Difficile d'imaginer personnages plus dissemblables, et pourtant, en cet instant, ils se ressemblent. Le même sourire perfide de malfaiteurs ravis de leur prochain coup flotte sur leurs lèvres quand ils rejoignent l'antichambre où de Thou et Fontrailles ont patienté.

Le premier a empêché le second de s'agenouiller. Non pour prier, mais pour mieux écouter derrière la porte. De Thou s'est mis, lui, à prier pour de bon, droit comme un I, suppliant Dieu de les avoir tous en Sa miséricorde. Tous sauf un, évidemment. Des messes basses dont Fontrailles a fini par s'agacer. Lorsque le trio en a terminé avec son conseil de guerre, un grand brouhaha envahit la pièce. Le temps de se congratuler de nouveau et chacun repart accompagné, le duc par de Thou, que cette perspective n'enchante guère, Cinq-Mars par Fontrailles, qui veut récapituler tous les points de la discussion dont il a été exclu.

Monsieur est enfin seul. Il tapote une seule fois sa moustache, puis retourne dans son grand salon qui donne sur les jardins. Une tempête s'est levée, des branches d'arbre fouettent les fenêtres et le font sursauter. Par prudence, il s'en éloigne. Méchantes branches, s'exclame-t-il, demain, si le vent est retombé, il faudra les faire tailler.

Où Richelieu voit triple

La lumière des flambeaux disposés en cercle éclaire un siège d'une hauteur imposante. Son occupant agrippe les accoudoirs incrustés de pierreries ; il s'impatiente.

— Vous n'êtes donc jamais fatigué de moi ?

Est-ce une question ? Philippe de Champaigne suspend son pinceau. Il est vrai qu'il a déjà peint Son Éminence dans sa cape rouge, une main tenant délicatement son chapeau de cardinal, qu'il semblait prêt à laisser choir.

— Monseigneur, vous êtes un sujet inépuisable.

Pour être peintre, il n'en est pas moins courtisan.

— Mais maintenant, c'est mon profil qu'il vous faut, s'étonne le ministre.

Comment avouer à son modèle qu'il est mécontent des premiers portraits ? Le cardinal y paraît figé, froid, impénétrable, le regard perdu au loin. Une statue. Certes, Champaigne n'est qu'un peintre officiel à qui l'on passe commande. Mais son talent l'a doté de plus hautes ambitions, il voudrait que ses personnages frémissent sur la toile, qu'ils soient des livres ouverts pour qui découvrira un jour ses tableaux. Dans le calme de son atelier du quai de Bourbon, il a longuement réfléchi, penché vers la Seine et ses flots capricieux qu'il tente parfois de saisir. Une idée insolite lui est venue : figurer le cardinal selon ses deux profils. Le saisir par d'autres points de vue. Un triptyque, comme pour un retable d'église. Un projet extravagant dont Son Éminence n'a retenu que le chiffre 3. Se voir ainsi démultiplié par le chiffre de la Sainte-Trinité a flatté son orgueil.

Mais son impatience a repris le dessus.

— C'est de face qu'il convient de contempler les hommes...

Richelieu a fait mine de se tourner. D'un geste sec, Champaigne l'invite à reprendre sa position.

— La peinture n'est qu'une plate représentation, poursuit le cardinal, quand la politique met à nu.

Le peintre le laisse dire. Il en est au nez, à la racine, tout près des yeux. Et ce qu'il y voit l'inquiète.

— Son Éminence ne serait-elle pas aujourd'hui un peu moins sereine ?

— Moins sereine ? répète Richelieu, qui s'agite sur son siège.

— Serait-ce trop demander à Son Éminence d'arrêter de bouger ?

Le cardinal prend assez mal ce rappel à l'ordre.

— N'est-ce pas à vous, le peintre, d'immobiliser le mouvement ? Je vous envie. Je rêve d'un royaume immobile, sans émeutes, j'aimerais que la France tienne tout entière en une galerie de tableaux, en...

Il en a trop dit. Comme si le pinceau qui l'attrape là-bas était venu fouiller jusqu'à son âme.

— Brossez-moi plutôt le portrait du roi quand il pose pour vous !

Moins à l'aise qu'avec les couleurs, Champaigne cherche ses mots.

— Le roi... ma foi, arrive agité... mais devant la toile, il se drape dans sa... majesté... Il se concentre... quand on ne veut pas le déranger, ajoute-t-il, repensant à sa dernière séance gâchée.

— Vous lui demandez d'être le sujet, un roi n'y est guère habitué, lui fait remarquer Richelieu qui vient encore de bouger.

— Monseigneur !

— Vous avez raison. Aujourd'hui, nous ne ferons rien de bon.

Une affaire qui le préoccupe ? Champaigne ne veut pas renoncer. Toutes les affaires le préoccupent. Qu'il revienne demain. Pris d'une quinte de toux, le cardinal crache dans son mouchoir. Et qu'il garde un peu de rouge sur sa palette, il pourrait en avoir l'usage.

— Je ne peins que les vivants, répond Champaigne avec une désinvolture dont Richelieu ne lui tient pas rigueur.

— Même mort, je semblerai vivant.

Cet humour cache mal l'inquiétude qui le ronge. Qu'adviendra-t-il de son œuvre ? La jettera-t-on aux chiens ? Il aimerait pouvoir se succéder à lui-même. Du moins restera-t-il ces tableaux.

Mais il entend qu'on vient et, d'un geste brusque, il congédie Champaigne, qui replie son chevalet en laissant tomber son pinceau qu'il n'ose ramasser. Sans un regard pour l'artiste, le cardinal se prend le visage entre les mains.

Le Temps des trahisons

Cerné par les flambeaux, dont les ombres s'entremêlent au plafond, il semble à présent veiller un mort. Ou bien c'est lui-même qu'il veille.

Où un Italien fait son entrée

Le personnage qui vient de surgir d'un pas vif dans la pièce se baisse pour ramasser le pinceau qu'il tend au cardinal.

— Son Éminence se serait-elle mise à la peinture ?

— Ah, Mazarin, vous vous moquez, ce n'est pas charitable.

Son collaborateur proteste, jamais il n'oserait, puis s'étonne de toutes ces flammes qui l'entourent. S'inquiéter est dans sa nature. Il a perçu très tôt l'instabilité du monde et la profusion de ses dangers. Aussi prend-il les devants, en prévenant les incendies. Richelieu accueille d'un œil bienveillant ce diplomate italien qu'il a arraché au pape.

— Votre visite, avoue-t-il, est un rayon de soleil dans les ténèbres qui m'encerclent.

— Les ténèbres ? Votre Éminence, le pire n'est pas toujours certain.

Comme tous les diplomates, Mazarin croit aussi aux arrangements. Toute sa personne, sinueuse et enjouée, exprime la conviction qu'il est possible de s'entendre si on peut encore se parler. Richelieu a des espions, des factotums, des hommes de confiance. Il lui manque un successeur. Il songe à Mazarin qu'il tient en réserve, mais qui pour l'heure est son agent chez la reine. L'Italien, qui est de nature plaisante, a su s'en faire apprécier. Il lui fait don de ses gains à la roulette car il joue avec bonheur. Ils conversent en espagnol, la langue d'Anne d'Autriche où excelle Mazarin, qui a fait ses études en Castille. Sa connaissance de l'Espagne et de sa Cour est un autre de ses atouts. Il multiplie les attentions envers une reine isolée, qui lui en sait gré. Elle en est mieux disposée envers Richelieu, dont elle n'a pas oublié ce qu'il lui en a coûté de le trahir.

— Je lui parlais de la santé du roi dont on s'alarme à la Cour, quand elle a, sans raison apparente, à brûle-pourpoint, oserai-je ajouter, glissé le nom de Cinq-Mars.

— Cinq-Mars !

Richelieu s'est redressé en étouffant un cri de douleur.

— Et qu'en a-t-elle dit ?

— Oh, presque rien et cependant tant de choses : « Je ne l'aime point. Si quelque mal lui arrive, il ne sera plaint de personne. »

— « Je... ne... l'aime... point... »

Richelieu ânonne chaque mot avant de conclure :

— Édifiant.

— Saisissant, ajoute Mazarin, qui, malgré un accent déplorable, maîtrise les subtilités du français.

— Vous n'avez pas prononcé son nom, vous ne l'avez pas glissé dans la conversation ?

Mazarin secoue la tête. Il a respecté ses consignes. Richelieu frotte son front parcouru par de profonds sillons.

— Pourquoi évoquer un éventuel péril dans lequel tomberait Cinq-Mars s'il...

— ... N'a pris quelques risques inconsidérés ?

— Et quel serait ce risque, reprend le cardinal, qui pourrait lui être fatal sinon...

— ... Un complot ! achève l'Italien.

— Au diable votre vivacité, rien ne vous surprend donc déjà plus dans notre pays ?

— J'en suis confus, s'incline Mazarin.

Les compliments l'indisposent même s'il aime ne pas douter du bien que l'on pense de lui. Surtout s'ils viennent de la bouche de Richelieu.

— Le complot y est une hydre à cent têtes, à peine en coupe-t-on une qu'une autre repousse. Les Français ont l'âme comploteuse. Un fléau, une épidémie dont on ne pourra jamais les guérir.

Mazarin admire la perspicacité de son ministre sur les sujets du royaume qui semblent être ses créatures. Et souvent, il note ses considérations comme autant de préceptes à méditer.

— Il y a quelque avantage à être haï...

Un autre de ses préceptes. Mais cette fois, Mazarin s'égare dans la pensée du cardinal. Où veut-il en venir ? Il avoue sa perplexité.

— Eh bien voici, lui répond le cardinal, qui se réjouit d'être indéchiffrable. S'il se trame une odieuse aventure contre ma personne, comme je le soupçonne, il est probable que les conjurés voudront y entraîner la reine. Mais cette Espagnole a le sang politique : en cas de malheur, elle prend ses précautions. Parce qu'elle me déteste, elle me redoute. Elle me fait donc transmettre un message...

Je ne l'aime point. Si quelque mal lui arrive, il ne sera plaint de personne. Tout est dit. Si je démasque cette conjuration, elle pourra ainsi me rappeler l'inimitié qu'elle a à l'avance exprimée envers Cinq-Mars. Abandonner leurs alliés est chez les souverains une...

— ... Incorrigible habitude, conclut Mazarin, revenu dans la course.

Il tente à présent de renouer le fil de la démonstration du cardinal, qui lui a semblé avoir ses entrées dans le cerveau de la reine.

— Il manque cependant une pièce. Quelque chose de plus tangible, de plus irréfutable que quelques phrases et un sentiment. Une preuve. La preuve de la trahison.

— Vous avez touché le point, dit le cardinal en frappant dans ses mains. Sinon, le roi ne voudra pas admettre que son favori complote dans son dos.

Mazarin s'est mis à déambuler, exalté par cet entretien dont il mesure l'enjeu. Ils peuvent tout perdre, comme ils peuvent aussi faire le grand ménage. L'heure est aux calculs et aux combinaisons.

— Pourquoi, Éminence, ne pas plonger la reine dans une angoissante incertitude ? Si on lui fait comprendre que vous, en revanche, n'avez pas de message à lui faire parvenir, peut-être en aura-t-elle d'autres pour nous à l'avenir. Jouer la carte du silence, le temps est notre allié, il peut nous réserver de heureux hasards, à condition d'exercer une amicale pression.

Richelieu hoche la tête. C'est exactement cela. Une amicale pression.

— Laissez mijoter. Mais ne tardez pas trop. Le temps est peut-être aussi notre ennemi, car...

Le Temps des trahisons

Jadis, il aurait lancé Mazarin sur d'autres sujets, mais ce soir, épuisé par cette conversation, il lui demande d'éteindre les flambeaux dont la fumée ne vaut rien pour son souffle. Son collaborateur s'exécute, puis se retire sur la pointe des pieds, comme on quitte la chambre d'un malade qu'il faut laisser reposer.

De nouveau seul, Richelieu tousse et crache le sang qu'il a retenu dans sa bouche. La poitrine encombrée, il rejoint son prie-Dieu sur lequel il se laisse tomber. L'allusion de la reine à Cinq-Mars lui a fait entrevoir de bien grands périls. S'il pouvait avoir confiance dans le roi... Il crache encore. Son corps n'a plus le ressort de son esprit. Mais s'il donne prise à la douleur, celle-ci l'écrasera. S'il recule, on l'attaquera.

— Mon Dieu, aidez-moi à sauver la France ! Mon Dieu, pour qui il n'est point de nuit, veuillez me guider dans ces ténèbres...

Il s'interrompt. Il a entendu un bruit. L'obscurité, ou la maladie, aiguise-t-elle son ouïe ? Il ne redoute rien de la mort. Tant qu'elle ne l'empêche pas de régler quelques dossiers.

Où le roi donne de l'espoir à Cinq-Mars

Henri fait au roi les honneurs de sa chambre au château de Chilly. La modestie de la pièce attendrit le souverain.

— C'est donc là que vous avez grandi. Et dire que j'ignorais votre existence. Vous n'étiez qu'un petit garçon et j'étais déjà roi. Je connaissais votre père. Il m'aurait invité ici, nous aurions échangé quelques mots, vous, embarrassé par la timidité, moi, troublé par elle.

Louis parle comme ces enfants qui s'échappent vers un monde rêvé. Cinq-Mars le ramène à celui de Richelieu, qui est venu ici plus d'une fois car il y avait installé ses geôles. Sous leurs pieds, juste en dessous, et il désigne le plancher, ont croupi des prisonniers à qui ses bourreaux arrachaient des aveux.

— C'est que mon ministre veut affirmer partout son pouvoir.

— Jusqu'à bâtir une ville qui porte son nom et dont les splendeurs ruinent le royaume ? fait remarquer Cinq-Mars.

Dans un rapport qu'on lui a remis, le roi en a découvert la magnificence des jardins, la perfection de la place centrale, la profusion des chefs-d'œuvre. Rubens,

Poussin, le Caravage, Van Dyck, accrochés aux murs. L'ordonnancement des maisons, toutes identiques, alignées sur une Grande Rue, est sans équivalent. Et le tout mène à un somptueux château.

— Son palais de Paris, ceux de Rueil, Bois-le-Vicomte, Limours, et maintenant cette ville de Richelieu, martèle Cinq-Mars. Quand son appétit sera-t-il rassasié ? Sa gloire étouffe la vôtre.

Il pique les flancs du roi, lui retourne la lame dans la chair.

— Bois-le-Vicomte appartenait à mon ami Montmorency, que le cardinal a fait exécuter. Chalais, Montmorency... je les aimais bien et ils sont morts par sa volonté, déplore le souverain, qui feint d'oublier qu'il avait signé leur décret d'exécution. Et vous à présent dont il voit bien l'affection que je vous porte. Après Arras, n'a-t-il pas essayé de vous calomnier ? Je voudrais avoir donné la moitié de mon royaume et savoir que vous êtes détaché de lui, s'emporte-t-il.

— J'en suis détaché, répond froidement Cinq-Mars. Et gardez ce royaume si difficile à agrandir.

Mais le roi laisse éclater sa colère. Son ministre le tient dans une contrainte insupportable.

— Je voudrais qu'il y ait un parti contre lui en France comme il y en avait un, autrefois, contre le maréchal d'Ancre !

Le marquis, à l'école de la princesse, a progressé dans son histoire de France. Il n'ignore plus rien du maréchal d'Ancre qui fut le favori de la reine mère, au grand dépit du jeune Louis, impatient de régner.

— N'est-ce pas cet Italien qui s'est retrouvé criblé de coups de pistolet, cloué à une planche, traîné sur la voie, jeté à l'eau, sa tête balancée aux chiens ?

Le roi a suivi cette énumération macabre en secouant légèrement la tête, un sourire aux lèvres.

— En effet, acquiesce-t-il, il a mal fini.

Ce que le roi omet de préciser, constate Cinq-Mars, c'est qu'il s'était bien gardé de dissuader ses compagnons qui lui avaient proposé de s'en débarrasser. Pourquoi mentionner son nom si ce n'est pour suggérer un sort semblable pour Richelieu ? M. le Grand observe, étonné, le souverain qui s'est allongé sur son lit d'enfant.

— Sire, vous êtes le maître. Que ne renvoyez-vous le cardinal ?

— Doucement ! se redresse le souverain. Comme vous allez vite en besogne !

Le roi jouait avec l'idée d'évincer son tyran. Mais de l'idée à sa réalisation, il y a un abîme. Son martyre a besoin d'un témoin. Pour l'heure, il ne cherche qu'à partager sa peine qui oscille au gré des tourments que lui inflige son ministre.

— Le plus grand serviteur que la France ait eu, lui rappelle-t-il non sans cruauté. Et je ne veux pas songer au jour où le cardinal se déclarera ouvertement contre vous.

Le monarque vient de l'avertir du danger. Attention, l'adversaire est de taille, on ne s'attaque pas impunément à ce très *grand serviteur*. Mais Cinq-Mars ignore la mise en garde. Il ne veut retenir que la fronde à laquelle on l'incite. L'Histoire, croit-il, pourrait se répéter avec un roi donneur d'ordre silencieux.

Le Temps des trahisons

Une nuée d'oiseaux file devant la fenêtre. Jadis, le jeune homme enrageait de ne pouvoir s'enfuir de ce château en prenant lui aussi son envol. Dans cette enfance, c'est son destin qui semble se refléter. Mon ami..., entend-il murmurer. Il se retourne vers le roi, qui, affalé sur les couvertures, ne produit pas la meilleure impression.

— Si ce lit n'est pas trop modeste pour Votre Majesté, je serais honoré qu'elle y passe la nuit, elle veillerait ainsi sur mes souvenirs...

Et avant que le souverain n'ait le temps de lui répondre, il s'éclipse pour aller retrouver de Thou et Fontrailles dans une autre aile de la demeure.

Où les conjurés font de la couture

— Qui va là ? s'inquiète de Thou.

Depuis que la croisade a pris des allures d'assassinat, on a recours aux mots de passe.

— Arras, chuchote Cinq-Mars, qui l'a choisi en souvenir de ses exploits.

Mais Arras est loin. Ils sont à Chilly dans l'une des caves du château où il a rejoint ses complices.

— Qu'avez-vous fait du roi ?

— Bercé comme un enfant avec une fable, se vante M. le Grand.

Fontrailles demeure silencieux. Le jeune marquis lui a appris qu'il devrait se mettre en route pour l'Espagne. Il appréhende ce voyage où il lui faudra braver l'insécurité des chemins et la police du cardinal, dont les hommes surveillent les auberges. Il a déjà trahi et, aux yeux du ministre, celui qui a trahi trahira de nouveau.

— Par où passerez-vous ? l'interroge Cinq-Mars, qui a remarqué sa mine contrariée.

— J'aurais aimé avoir été prévenu. Ces périples ne s'improvisent pas, proteste le bossu.

Le Temps des trahisons

La désinvolture du marquis l'effraie. Face à un adversaire redoutable, il craint d'avoir à payer seul le prix de cette légèreté. Qui s'est engagé jusque-là ? Le frère du roi ? Toujours aussi ondoyant. Le duc de Bouillon ? Un aventurier. De Thou a peur de son ombre. La belle équipe ! Et ce ne sont pas les officiers de la garde du roi, hostiles au cardinal, enrôlés par Cinq-Mars, qui sont de nature à le rassurer. Leur nombre risque d'ébruiter le complot. Une visite surprise, une conversation éventée, il suffit d'un rien. Fontrailles incite à agir au plus vite. La campagne militaire pour le Languedoc se prépare. Le départ du roi est imminent. Après Chilly, il gagnera Fontainebleau. Avec son armée et le cardinal, il fera étape à Lyon. C'est là-bas qu'il faut frapper. À Lyon. Ils y retrouveront la noblesse d'Auvergne qui a manifesté son hostilité envers le ministre. Il faut faire venir à Lyon le duc de Bouillon et Monsieur, afin de les obliger à franchir le pas.

— Faites-les venir sinon je ne pars plus, grogne Fontrailles.

Il a participé à l'équipée d'Amiens, dont le cardinal, pour une hésitation, a réchappé. Depuis, il rumine cette occasion manquée.

— Vous avez ma parole, jure Cinq-Mars, qui tremble à l'idée que Fontrailles les abandonne.

Il se charge des protestants qui n'ont pas oublié les massacres ordonnés par le cardinal. Chavagnac, qui gouverne à Montauban, soulèvera ses coreligionnaires des Cévennes. De Thou ira voir Mercœur et Beaufort... Ils s'enivrent de noms, les additionnent pour se donner du courage.

Cinq-Mars revient vers Fontrailles et fait mine de s'intéresser à lui.

Le Temps des trahisons

— Décrivez-nous votre trajet.

Le bossu n'est pas dupe, mais énumère les étapes. Le château de Montrésor. Limoges. Le Gers, puis le passage vers l'Espagne, par la vallée d'Aspe. Il a des amis là-bas qui connaissent les bons itinéraires.

Soudain plein de sollicitude, Cinq-Mars le félicite pour son courage. Pour remettre à Madrid l'exemplaire du traité, il faut une personne de confiance. Or, à qui se fier sinon à lui ? Flatteur. Le marquis soulève ses dentelles, qui dissimulent le document.

— Qui veut manier l'aiguille ?

Il dépose un nécessaire à couture.

De Thou se dévoue, même s'il lui répugne d'aventurer ses doigts si près d'un texte dont il redoute les termes. On se met au travail. Cinq-Mars est chargé du flambeau. Le pourpoint de Fontrailles est délicatement entaillé, à hauteur du flanc droit. De Thou glisse habilement les feuilles dans la doublure. Le marquis, qui a mal au bras, demande bientôt à se reposer. Accordé. Mais Fontrailles s'impatiente, on reprend l'ouvrage. Pressé d'en finir, de Thou ripe sur un nœud et se pique l'index, qui se met à saigner. Mauvais présage. Il se signe et refuse de poursuivre. Qui pour le remplacer ? Cinq-Mars passe son tour. Fontrailles prend le relais, mais il est moins à sa main ; chaque fois qu'il embrouille un fil, il pousse un juron qui contrarie de Thou. À la fin, on s'estime pourtant satisfait.

Puis chacun, séparément, remonte l'escalier. Cinq-Mars est le dernier à quitter les lieux, en songeant à tous les prisonniers qui ont rendu l'âme dans cette cave. Où dormir ? S'il regagne sa chambre, il craint d'y retrouver le souverain.

Le Temps des trahisons

Toutes les pièces sont occupées par des officiers royaux, hormis l'antichambre de la marquise. Par un étrange instinct maternel, celle-ci veille encore et se relève pour l'interroger.

— Où étiez-vous ?

— Avec Sa Majesté.

La marquise se radoucit. Que son fils soit devenu le favori du roi a comblé tous ses espoirs. Et cette réponse fait taire tous ses reproches.

Où le roi se souvient
d'un assassinat

Après une longue étape d'une trentaine de kilomètres, la Cour a investi le château ducal de la ville de Moulins. Il y a dix jours, ils étaient encore à Fontainebleau. Le roi est exténué par les saignées et les lavements que son médecin lui inflige quotidiennement. Le mal a progressé dans ses intestins, mais la réponse demeure la même : la purge, dont les effets ne varient guère – d'affreux vomissements.

Chaque soir, il supplie Dieu de lui donner la force d'un dernier combat dans le Languedoc qui terrasserait l'Espagne. Ses prières sont formulées à portée de voix de son favori, qui a contracté une alliance avec cet ennemi. Si des négociations sont en cours entre les deux royaumes, elles sont de pure forme. On palabre tout en fourbissant ses armes. La partie se décidera sur le champ de bataille, qu'il tarde au roi de rejoindre pour abréger l'agonie. Mais on est en février, il faut patienter jusqu'au printemps, la saison des semailles et de la guerre.

Malgré sa fatigue, Louis a accepté de présider un grand souper dans la cité-berceau de sa dynastie. De tels supplices font à ses yeux sa grandeur. Deux valets l'habillent sous le regard de Cinq-Mars, déjà costumé. Depuis leur départ de Fontainebleau, ils ne se sont pas querellés. Un miracle. Mais on vient d'annoncer l'arrivée du cardinal. Il ne lâche plus le roi, peste le marquis. Le souverain songe en grimaçant à son ministre, dont les ordres le tyrannisent. Celui qui tyrannise n'est-il pas un tyran ? raisonne-t-il tristement. Ainsi, chacun des deux pense au troisième, absent, qui approche. Posté à la fenêtre, Cinq-Mars observe l'agitation de la ville.

— Sa Majesté a-t-elle vu son peuple, plongé dans la misère, étranglé d'impôts ?

— Hélas, soupire le roi.

Si ce spectacle l'a ému, c'est aussi que son salut passe par le soulagement de ses sujets.

— La France aspire à la paix, poursuit Cinq-Mars. Qui entretient la guerre ?

Ils connaissent tous deux la réponse.

— Il y aurait bien un moyen...

— Un moyen ?

— Oui. Envoyer à Madrid un émissaire pour s'assurer qu'on ne met pas un frein aux négociations.

« On » ? Le roi met un nom sur ce pronom.

— Si le cardinal apprend cette mission, sa colère sera terrible. Auriez-vous l'homme pour...

Le souverain n'ose qualifier le piège qu'il s'apprête à tendre à son ministre. Cet homme, Cinq-Mars l'a en la personne de Fontrailles, qui s'en est allé apporter le traité à Madrid. Ainsi fera-t-il d'une pierre deux coups. Le roi donne son accord à cette initiative périlleuse dont il mesure les conséquences. Ce pas lui a coûté et il s'effondre sur son siège.

Le Temps des trahisons

— Le maréchal d'Ancre, murmure-t-il.

Depuis leur dernier entretien, il n'a cessé de repenser à lui. Cinq-Mars fixe le roi. Encore l'Italien. Une obsession.

— L'assassiné du Petit-Pont ?

Le roi hoche la tête.

— Ce fut notre manière de nous libérer de la reine notre mère, vous comprenez ?

— On raconte que vous exultiez dans la petite galerie du Louvre, que vous étiez monté sur le billard pour recevoir les hommages de la Cour...

— On raconte bien.

Le souverain revit la scène et, d'une voix plus aiguë, il s'écrie :

— Maintenant, je suis le roi. Pendant dix ans, on m'a fait fouetter des mulets dans les Tuileries, il est temps que je fasse ma charge...

Cinq-Mars l'écoute, les yeux écarquillés.

— C'est toujours avec plaisir que je revis ce moment, conclut le monarque d'une voix plus grave.

— Il ne tient qu'à Votre Majesté de le revivre vraiment.

Cette proposition est accueillie par un long silence.

— Qu'avez-vous dit ?

— Il ne tient qu'à Votre Majesté de le revivre vraiment, répète Cinq-Mars.

— Non, auparavant.

— Vous exultiez dans la petite galerie...

— Non, avant encore, insiste le souverain en s'agitant dans son fauteuil.

— L'assassiné du Petit-Pont ?

— C'est bien ce que j'avais cru entendre, soupire Louis en retombant épuisé.

Cinq-Mars enfonce un dernier clou.

— Un roi qui n'est pas libre n'est pas un roi.

Le souverain secoue la tête.

— Ah, la liberté ! Un rêve qui n'épargne aucun homme...

— Qu'attendez-vous pour le réaliser ? Je suis là pour vous y aider.

Cinq-Mars a quitté enfin la fenêtre pour venir se pencher vers lui.

— Henri, mon ami, mon seul ami.

Louis lui tend la main.

Indisposé par la puanteur de ce corps, Henri s'est déjà éloigné. Qu'importe. Il en sait assez pour agir.

— Mon ami...

Le roi se retourne. Il est seul. Comme si cette conversation elle aussi n'avait été qu'un simple rêve.

Où Richelieu livre bataille à un moustique

Un homme est penché sur des feuilles qu'il rature nerveusement. La peau de son visage a pris un teint de cire que Champaigne aura à restituer pour son dernier portrait sur son lit de mort. Parfois, il se retourne. Le danger pointe comme une lame dans son dos, on en veut, c'est certain, à sa vie. Il reprend son écriture. *On se bat comme un lion pour conquérir le pouvoir, mais quand on l'a conquis, on vit dans la terreur de le perdre...* Pour l'heure, il perd le contrôle de son bras droit qui lâche la plume et qu'il contemple avec une grimace d'étonnement. Il ne sent plus rien.

La nuit, les adversaires de la France dorment sans doute. À quoi rêvent-ils ? Les rêves donnent souvent de mauvaises pensées qui au petit matin se transforment en méfaits. Il faudrait inventer une machine à transcrire les rêves de ses ennemis. Chaque matin, on lui en apporterait le relevé. Il saurait tout, à l'égal de Dieu.

Il se frappe le visage. Des moustiques le dévorent. Comme s'il n'avait pas assez d'abcès sur le corps. À Lyon, les insectes pullulent. Méchante ville ! On n'est pas en mars et il y fait déjà chaud. Ses ennemis, l'Histoire les balaiera. Mais on le traînera aussi dans la boue. On prend déjà des libertés de son vivant, il devine celles qu'on prendra sur son cadavre. L'intarissable insolence des Français. Avec Cinq-Mars, il a réchauffé un serpent. Maudit soit le jour où il a attiré sur lui le regard du roi.

Quelque chose lui a échappé. Alors, il récapitule. Le roi avait besoin d'une affection qu'il ne pouvait lui donner. Les affaires de l'État ne sont pas des affaires de cœur. Chez les Français, il y a trop d'émotions. Il s'évertue à les ramener à la raison, à rétablir l'équilibre, que le roi rompt sans cesse par ses humeurs intermittentes. Les voies de Sa Majesté sont impénétrables. Il aurait fallu supprimer cette fonction de M. le Grand ! Mais dans ce pays, supprimez un titre et c'est la rébellion.

Quand un agité influe sur le roi, on doit envisager le profit que d'autres peuvent tirer de cette influence. La manipulation est un art qu'il pratique depuis assez longtemps pour ne pas soupçonner derrière Cinq-Mars ses ennemis qui pensent qu'il meurt trop lentement. Un bal de fantômes où ils tirent les fils. Et la reine ? Il songe à Mazarin dont il attend une lettre.

Le roi le fuit, le boude et se plaint de ne pas être libre. Les enfants agissent de la sorte. Les rois sont de grands enfants. Il joue maintenant Cinq-Mars contre lui. Un jeu dangereux. Le marquis a tout loisir de lui rappeler qu'il a fait son temps. Dix-huit ans, une éternité. Il n'a pas oublié le maréchal d'Ancre. Mais le roi était encore jeune, impatient. Aujourd'hui, il est malade. Pourquoi irait-il courir l'aventure ?

Le Temps des trahisons

On ne tient à rien quand on dépend d'un souverain. Chaque moment est un sursis. Alors qu'il souligne ce mot avec une rage impuissante, un moustique vient se poser sur son bras droit. Son dard s'enfonce pour aspirer lentement le sang. Il ne sent toujours rien. Alors, d'un coup sec, il l'écrabouille. Un peu de sang a giclé sur sa peau, mais il continue à écraser l'insecte jusqu'à ce qu'il n'en reste plus rien. Voilà ce qu'il réserve à ceux qui l'attaquent.

Où Cinq-Mars manque une occasion

Dans l'antichambre du roi, quelques-uns de ses gardes, parmi les plus hostiles au cardinal, s'agitent. Un espoir les anime et cet espoir a un nom : Cinq-Mars. Au début, ils s'en méfiaient, se moquant de ses caprices avant de songer qu'un même ennemi les rapprochait : Son Éminence. Ils n'ont pas résisté longtemps au charme qu'exerce la beauté quand elle se plaint. Ses caprices sont devenus des malheurs. Tréville et ses compagnons se sont confiés sur les leurs avec les gardes de l'homme en rouge. Là aussi, brimades et humiliations. Enivré par leur ardeur, le favori a levé le masque. Il suffirait d'une occasion. D'un coup d'épée. Le donner n'est rien, lui ont-ils assuré. Il reste à le faire donner.

Mais Cinq-Mars en a-t-il envie ? Narguer Son Éminence, le faire enrager par ses faveurs reçues satisfait sa vanité. S'il vient à disparaître, ces petits plaisirs s'évanouiront. Il appréhende aussi la réaction du roi. Sans son maître, que devient l'esclave ? À l'idée de tout perdre, il fait des cauchemars où les épées épargnent le cardinal, ripent sur son corps comme sur une carapace.

Mais la fougue de ces hommes le pousse à agir. Et n'a-t-il pas promis à Fontrailles et au duc de Bouillon que l'affaire se dénouerait à Lyon, à l'arrivée de Son Éminence ? Ce 20 février 1642, il ne peut plus reculer. Quand il traverse l'antichambre avec le roi, ses complices l'interrogent du regard, réclamant un signal. Il laisse le souverain pour les rejoindre. C'est maintenant ou jamais. Tréville a parlé pour ses camarades. Leurs mains caressent le fourreau de leurs épées. Il reviendra vers eux, qu'ils n'aient crainte. Tréville insiste. Ils veulent un ordre. C'est ici, dans cette antichambre, qu'il faut frapper, loin du monarque. Impossible de tuer sous ses yeux. Cinq-Mars acquiesce, mais les abandonne sans avoir prononcé la parole fatidique. Inconscient de ce qui se trame, le roi se réjouit du *Te Deum* qu'ils vont entendre sur la place des Terreaux pour la victoire du comte de Guébriant en Rhénanie. Maintenant qu'ils ont les mains libres à l'est, ils pourront filer vers le sud. Valence. Avignon. Arles. Narbonne...

Cinq-Mars ne répond pas. Son esprit est resté dans l'antichambre. Le roi se plaint de la perspective d'un voyage avec Son Éminence, qui n'a pas les mêmes vues sur la guerre. Ce reproche réveille Cinq-Mars, qui l'incite à ne pas suivre ses conseils. Il a parlé à voix basse. Depuis quelque temps, il chuchote. Le roi évoque le siège de La Rochelle ; le cardinal était pour la lenteur, lui était pour l'audace.

La porte s'ouvre sur Son Éminence, qui a surgi sans se faire annoncer.

— L'audace, disiez-vous, sire. Quelle est-elle aujourd'hui ?

Le Temps des trahisons

Le roi et Cinq-Mars échangent des regards embarrassés. Comme s'il venait d'apercevoir le diable, le marquis se retire en notant la présence de son capitaine des gardes. Richelieu a-t-il été prévenu d'un coup de main ? Il est trop tard pour faire entrer les hommes de Tréville, qui avait raison : c'est avant qu'il fallait frapper. Ils se précipitent vers lui, mais d'un geste agacé, le favori les congédie. Un autre jour. Et il s'échappe, fuyant leurs regards furieux.

Sur les quais de Saône, la lumière hivernale fige les eaux des pierres dorées de la ville. Le spectacle est somptueux. Il l'ignore et marche longuement, d'un pas somnambulique. Une douleur l'étourdit, la douleur d'un événement qui n'a pas eu lieu.

Où Richelieu reçoit une visite inattendue

Le cardinal contemple une toile que recouvrait un rideau de velours. Il hoche la tête, le laisse retomber et, d'un pas laborieux, regagne son bureau. Plusieurs lettres remises dès son arrivée à Narbonne, où la Cour a fait halte, attendent sa lecture. Il fait sauter le cachet de cire.

C'est en escortant le monsieur des Flandres que vous m'aviez recommandé depuis Orléans qu'en chemin, alors qu'il semblait avoir rejoint une femme à Toulouse, j'en vins à remarquer un étrange personnage qui semblait prendre plus de précautions qu'il n'en faut. Comme le premier ne semblait mener à rien, je pris sur moi de m'intéresser au second. Son allure m'intrigua ainsi que son aspect, notablement difforme. On rencontre peu de bossus qui se lancent dans de grandes expéditions. La sienne semblait le mener vers l'Espagne...

Un bossu ? L'Espagne ? Richelieu pense aussitôt à Fontrailles, ce qui ne le rassure guère.

Arrivé dans la vallée d'Aspe, il s'est adressé à un guide. Je les ai vus parlementer, sans doute étaient-ils convenus de leur affaire, car ils se mirent en route aussitôt. La manœuvre ne m'avait pas échappé, hélas je ne pus m'attacher les services d'aucun autre guide. Les sentiers de nos Pyrénées ne sont pas nos routes de la Beauce. Je perdis leur trace...

L'imbécile ! Quel est cet incapable ? Il note le chiffre, 47, avec lequel il a signé sa lettre et se reporte à son registre : *Mallez, Jacques. À ne plus engager.* À quoi tient l'avenir d'un pays ? Le récit se poursuit cependant.

Je songeai que s'il était entré en Espagne par cet endroit il en ressortirait par le même. J'ai donc décidé de l'attendre en prenant une chambre à l'auberge. La saison n'étant guère avancée, en ces terres montagneuses, je fus terrassé par une forte fièvre qui... Au fait, au fait ! hurle le cardinal, que ces digressions agacent prodigieusement... *Mais au bout de quinze jours, j'en vins à croire que mon homme, d'un naturel méfiant, ce qui confirmerait ses intentions douteuses, avait jugé bon de rentrer par un autre chemin.* Idiot ! Le guide l'aura repéré et sera allé prévenir son homme. Le cardinal s'empare de son registre et d'un trait rageur barre le 47.

Il reporte tous ses espoirs sur une seconde missive, qui a pour provenance le nonce du pape à Madrid, l'une de ses oreilles à la cour d'Espagne.

Il vous sera sans doute agréable d'apprendre qu'un certain Français a été vu pendant deux ou trois journées dans l'antichambre du comte-duc d'Olivares et qu'à la fin il a eu une longue conférence avec le ministre.

C'est tout. Aucun nom. Aucune description. Il retourne la feuille. Rien. Il a connu ce nonce plus bavard. Aurait-il précisé que ce Français était également bossu s'il s'était agi du même personnage dont son agent a perdu la trace ? Mais doit-il se fier à son sens de l'observation ? *Un certain Français.* Quelle scandaleuse imprécision... Les voyageurs soucieux d'être discrets empruntent de préférence l'itinéraire par la vallée d'Aspe. Et le plus souvent, leur route se termine dans l'un des palais de la capitale espagnole.

Son personnel laisse vraiment à désirer. Fini le temps où la compétence était assurée, on recrute n'importe qui. Il en est encore à pester contre cette dégradation de la main-d'œuvre lorsqu'une porte s'ouvre soudain. Cinq-Mars est entré en coup de vent, sans remarquer la présence du cardinal. Il s'esclaffe tout seul, au souvenir d'un bon mot qu'on vient de lui rapporter. Sans doute est-il également un peu ivre.

— Vous cherchez ?

La voix forte du cardinal a fait bondir le jeune homme.

— Vous voulez donc me faire mourir ?

— Pourquoi le voudrais-je ? s'étonne Richelieu. Que faites-vous là ?

— Rien de plus simple, le rassure le marquis. Une porte était ouverte, je l'ai poussée et Son Éminence était là, car vous avez le don d'être là où l'on ne vous attend pas.

— Que dire de vous, rétorque le cardinal, qui a craint un instant pour sa vie. Mais c'est peut-être un autre que vous souhaitiez voir ?

— Ma foi, non. Je déambulais. C'est qu'on s'ennuie dans cette petite ville de Narbonne.

— On ne s'ennuie jamais à servir l'État et le roi. Comment était-il habillé aujourd'hui ?

— Parce que vous pensez que je me soucie encore de ses caleçons ? lui lance M. le Grand, les mains sur les hanches, les jambes écartées. Ce sont là pour ma personne des choses bien trop triviales.

— Avant vos dix-neuf ans, je vous avais fait nommer à la garde-robe... Cela ne vous a pas suffi, il vous a fallu un hochet. Grand écuyer ! Je vous avais pourtant dissuadé de courir après l'ombre.

— Il faut croire que ces ombres sont devenues des lumières...

— Arrêtez de vous dandiner, vous me donnez le tournis.

— Je me dandine si je veux. C'est que j'ai une énergie qu'il me faut dépenser. Rester assis derrière un bureau, ce n'est pas de mon âge. Vous travaillez pour l'Histoire, tandis que moi...

Il fait un tour complet sur lui-même.

— Essayez donc un peu le travail ! Cela vous dispensera de tenir au roi des propos qu'on n'oserait pas avoir avec son valet. *Pensez plutôt à vos armées qu'à la manière dont vous pouvez me torturer du matin au soir...*

Il a contrefait la voix du jeune homme.

— Ooooh, comme vous m'imitez bien ! J'ai dit cela ? Il devait l'avoir mérité, ce sacripant...

— Sacripant ! C'est ainsi que vous parlez du roi ?

La voix du cardinal a retrouvé son cinglement effrayant. Mais elle n'effraie plus Cinq-Mars.

— *Pensez plutôt à vos armées...* Pas mal envoyé, non ? S'il doit y penser, c'est bien à cause de vous, qui n'avez que la guerre en tête.

— Je suis le gardien de l'État, réplique Richelieu. Je supprime les dangers qui le guettent. Celui qui veut trop s'élever, je le rabaisse.

Cette dernière phrase l'a fait tousser. Cinq-Mars se porte à son secours, mais le cardinal le repousse et se rassoit, épuisé.

— Vous devriez prendre un très long repos...

— N'en espérez pas tant...
— Que cela vous plaise ou non, le roi a pour moi...

Sur ces mots, le marquis recule en faisant de grands gestes et heurte de son bras le tableau que le cardinal a observé tout à l'heure.

— Malheureux !

Cinq-Mars écarte le rideau.

— Bah, ce n'est qu'un tableau.
— C'est un Poussin.
— Et comment s'intitule ce chef-d'œuvre ?
— *Le Temps soustrait la Vérité aux atteintes de l'Envie et de la Discorde.*

Cinq-Mars émet un sifflement moqueur.

— Il est vrai que le Temps, la Vérité ne représentent rien pour vous...
— Alors que l'Envie, la Discorde..., reprend le marquis. Mais l'art ne vaut pas la peine qu'on se donne pour lui.
— Que connaissez-vous à l'art ? Pour l'apprécier, il faudrait que vous sachiez admirer, or toute admiration vous est étrangère. Je léguerai ce tableau à la France, car le roi ne l'aime guère. Il lui faut des scènes plus religieuses.
— Parce que vous pensez être au fait de ses goûts ?

Cinq-Mars s'est planté devant lui.

— Et de bien davantage, lance le cardinal, soudain menaçant. Mais pour cela, il faut travailler. Vous voudrez bien, monsieur de Cinq-Mars, aller vous reposer.

Avant de replonger le nez dans ses papiers, il l'a privé de son titre. L'entrevue est terminée. Le jeune homme se retire avec une révérence ironique à laquelle le cardinal ne prête aucune attention.

Où Richelieu rédige plusieurs lettres

Après le départ de l'intrus, Richelieu adresse une missive au roi. Puisque le comte de Guébriant vient de triompher en Allemagne, un bâton de maréchal ne serait qu'amplement mérité. Ce comte est l'un de ses fidèles. S'il veut qu'ils ne passent pas à l'ennemi, il lui faut les soigner. Quand on est aux abois, on compte ses amis. On en fait même la chasse en trouvant aimables des visages qui la veille nous étaient indifférents. La guerre est aussi à la Cour. Menés par Cinq-Mars et sa jeune garde, les royalistes défient les cardinalistes. Tout ce petit monde complote, à grand renfort de rumeurs, de sous-entendus et de regards complices ou suspicieux.

Le souverain informe son ministre du plaisir qu'il a eu à accéder à sa requête. Il vient de quitter Narbonne pour Perpignan, qu'il s'apprête à assiéger, accompagné par Cinq-Mars. Le cardinal, que son bras fait horriblement souffrir, a dû renoncer au voyage. Ce contretemps relance les conjectures sur une prochaine disparition de Son Éminence. La succession est ouverte. Le favori semble en bonne position. Richelieu déplore que le souverain soit hors de sa portée, avec pour seule compagnie ce jeune insolent. Pour contrer son influence, il lui reste ces lettres, dont il inonde la Cour et qu'il se force à rédiger, malgré ses douleurs.

Relégué à Narbonne, il est alarmé par le moindre bruit. Ainsi le maréchal de La Meilleraye. Il doit conduire la guerre du Roussillon, mais le roi, affirme-t-on, serait revenu sur cette nomination. Or, le maréchal est le cousin du cardinal. Que la victoire décisive sur les Espagnols soit remportée par un membre de son clan, là-dessus, il ne saurait céder. Cet excellent soldat a aussi l'avantage d'être le beau-frère de Cinq-Mars, pour qui il ne témoigne que du mépris. Son Éminence peut compter sur le dévouement de cet homme, qui ne s'est jamais laissé amadouer par M. le Grand. Il écrit au roi pour obtenir confirmation. Oui, La Meilleraye sera bien à la tête de leurs troupes. Le voilà rassuré.

Mais une nouvelle vient bientôt le contrarier. Le maréchal de Schomberg va être placé auprès de La Meilleraye pour le seconder. Cette nomination devrait le réjouir, il est aussi son obligé. Mais Noyers, surintendant des bâtiments de France, qu'il a missionné pour suivre le roi, lui fait savoir que Schomberg est déjà allé faire sa cour à M. le Grand. Défection aussi fâcheuse qu'inattendue. Le cardinal, qui en perd le sommeil, rédige une lettre élogieuse à l'épouse du maréchal, où il lui suggère subtilement de ramener son époux à la raison. Mais cela ne saurait suffire.

Il songe à contre-attaquer en expédiant à Perpignan le comte de Gassion. Un redoutable guerrier qu'il avait envoyé jadis en Normandie mater la révolte des Va-nu-pieds. Doté d'un régiment de cavalerie de mille six cents hommes, le comte, qui s'est distingué aux sièges de Dole, Saint-Omer et Hesdin, serait d'une grande utilité, écrit-il au roi. Il croit avoir rétabli la situation, mais Chavigny, son homme de confiance, lui signale que Gassion vient d'être éloigné dans les Flandres. Le cardinal n'en a pas été informé et cette fois il ne reçoit aucune réponse du souverain. Il y voit une sorte de disgrâce qui l'incite à quitter sans délai Narbonne, qu'il trouve soudain fort mal défendue. Il lui préfère Tarascon, ville modeste mais pourvue d'une forteresse, où il pourra se retrancher et continuer à écrire d'autres lettres.

Notamment pour avertir le souverain qu'il n'est plus à Narbonne. Dans un nouveau message, il invoque sa maladie, feignant de penser que son départ lui a été suggéré par le roi lui-même. *Je pars en suivant le conseil de Votre Majesté, dont je ne pense pas pouvoir me trouver mal venant d'un si bon maître.* Il tente aussi de l'émouvoir en envisageant sa mort : *Quelqu'événement qu'il plaise à Dieu de donner à mon mal, je le recevrai avec l'aide de Sa grâce, et serai très content pourvu que je sache que Votre Majesté se porte bien, et qu'elle ait pris Perpignan.* Tout cela est d'un parfait serviteur, c'est-à-dire parfaitement hypocrite. Richelieu redoute bien la mort, mais moins pour elle-même que parce qu'elle l'empêcherait d'agir.

A-t-il vraiment exagéré la gravité de son mal ? Le trajet, qui le conduit par Avignon et Pont-Saint-Esprit, est un interminable calvaire. Les coussins disposés dans son carrosse n'atténuent guère les cahots qui réveillent ses abcès. Mais la souffrance ne fait que stimuler davantage son anxiété et il redouble d'activité. Chavigny est prié de faire donner leurs réseaux afin de propager le bruit à la Cour que le roi et Cinq-Mars sont au plus mal ensemble. C'est là encore inexact, mais la tactique est habile. Le pouvoir que l'on détient dépend du crédit que l'on a, lequel repose sur la qualité du lien que l'on entretient avec le souverain. S'il parvient à suggérer que Cinq-Mars a perdu l'oreille du roi, on hésitera à se ranger derrière lui. Puisqu'on ne le rejoint le plus souvent que dans l'espoir de faveurs royales.

À la fin du mois de mars, Son Éminence en vient à espérer que tout n'est pas perdu. Il conseille à Noyers, son messager auprès du roi, de faire remarquer au souverain que son absence prolongée loin de la capitale pourrait souffler à la reine de mauvaises pensées qu'il convient de prévenir en l'isolant à Fontainebleau. Séparée de ses enfants, celle-ci serait dissuadée de tout écart. Le roi, qui se réjouit d'humilier son épouse, ne soupçonne pas la vraie raison de la manœuvre : faire trembler une mère pour mieux l'amener à se confier. Le cardinal, qui attend des nouvelles de Mazarin, n'oublie pas d'agiter son hameçon. Celui-ci remue bientôt. La reine lui adresse une lettre éplorée qui souligne la douleur de la séparation à laquelle elle ne saurait résister. Son Éminence se garde bien d'y répondre. Le poisson n'est pas assez ferré.

Hélas, le cardinal en fait parfois un peu trop. Tant de renseignements convergent vers lui qu'il est tenté de prendre les devants pour en désamorcer les dangers. Ainsi, on lui annonce que Monsieur a fait porter par l'intermédiaire du comte de Brion une lettre à Cinq-Mars, à charge pour lui de la remettre au roi. Le contenu ne doit pas lui être favorable : il faut éviter que le souverain en

Le Temps des trahisons

prenne connaissance. Il lui adresse donc un mot pour l'inciter à recevoir froidement cet émissaire malintentionné du duc d'Orléans sans même lire le message dont il est le porteur. Il se permet de glisser une autre missive, qui est la réponse que Sa Majesté aura à donner à la lettre de Monsieur, qu'il n'aura pourtant pas lue. Le procédé, assez cavalier, a le grand tort de rappeler au roi le carcan dont il tient précisément à se libérer.

Où le climat se refroidit

Cinq-Mars a donc le champ libre. Il ne tient qu'à lui d'en profiter. Mais ses vieux démons se réveillent. Loin de la princesse de Gonzague et de ses sages conseils, il s'abandonne à ses penchants : rabrouer le roi, lui chercher querelle. Le cardinal l'ayant privé de gloire militaire à Arras, il a résolu de prendre sa revanche lors du siège de Perpignan.

— Ce n'est pas ainsi que nous aurons le dessus sur les Espagnols. Avec de tels ouvrages, nous ne ferons rien de bon.

Ces aimables propos s'adressent à Fabert, capitaine des gardes françaises et excellent soldat. De le voir humilié par un jeune homme qui pour tout fait d'armes n'a qu'une charge de cavalerie aveugle, le souverain s'emporte.

— M. le Grand a tort, lui qui n'a rien vu, de faire la leçon à un homme d'expérience. Il est insupportable !

En deux phrases, il se venge du ressentiment accumulé depuis leur arrivée dans le Roussillon.

Loin de faire amende honorable, Cinq-Mars sermonne Sa Majesté, qui se serait bien passée de lui dire ce qu'elle lui a dit. Et à l'intention de Fabert, il ajoute :

— Je ne vous souhaite pas bonne chance !

Le roi se porte de nouveau au secours du capitaine.
— Il vous menace !
— Non, sire, répond Fabert fort respectueusement, on ne fait point de menaces devant Votre Majesté.

Cette déférence ne fait que souligner davantage l'insolence de Cinq-Mars, qui a déjà tourné les talons.

— Il faut tout vous dire, monsieur Fabert ! Il n'y a pas d'homme plus perdu de vices ni si peu complaisant ! C'est le plus grand ingrat du monde. Il m'a fait attendre des heures entières dans mon carrosse tandis qu'il crapulait !

Le capitaine Fabert reçoit toutes les plaintes destinées à Cinq-Mars. L'échange, qui a eu des témoins empressés de le répéter, parvient aux oreilles de Noyers, qui s'en fait l'écho auprès du cardinal dans un style météorologique. *Il est intervenu un violent changement de temps. Les brouillards des Pyrénées sont descendus sur la Cour. La plus grande froideur règne entre le roi et M. le Grand, qui est venu me trouver, tout piteux, dans l'espoir que je ramène entre eux un peu de chaleur. Depuis, le soleil n'a pas fait son retour et rien ne semble devoir dissiper ces nuages.*

Rien, et surtout pas le cardinal qui reprend de plus belle sa correspondance avec le roi. Se gardant bien d'évoquer l'incident, il le remercie aimablement de l'affection qu'il veut bien lui témoigner. Si Cinq-Mars verse de l'acide, il fait couler du miel. *Mais*, ajoute-t-il, *je n'ai pas besoin de ces témoignages pour en être assuré, en ayant toujours reçu des effets par le passé en toutes occasions où on tâche le plus puissamment de l'ébranler.* Après cette discrète allusion aux cabales fomentées contre lui, il suggère moins discrètement les désastreuses conséquences de son éventuelle disgrâce. *Si Dieu eût appelé le cardinal, Votre Majesté eût expérimenté ce qu'elle eût perdu. Ce serait bien pis si vous le perdiez par vous-même, vu que, le perdant ainsi, Votre Majesté perdrait toute la créance que l'on a en elle.* La courtoisie ne l'empêche pas de rappeler qu'il est indispensable.

Il prend également des nouvelles de son état. Est-il aussi préoccupant que le sien ? Leurs maladies les rapprochent. Vivants, ils se déchiraient. Leur mort imminente les enveloppe dans un crépuscule complice.

Où Mazarin rend une visite de courtoisie à la reine

En ce mois d'avril 1642, Mazarin se réveille avec une pressante envie d'aller faire un tour à la campagne. Un oiseau est venu gazouiller derrière la fenêtre de son logis parisien, voisin du palais de Richelieu. La journée promet d'être radieuse, les bourgeons éclatent sur les branches, il se met à son tour à gazouiller.

Aujourd'hui, la campagne ressemblera à Fontainebleau, où réside Anne d'Autriche depuis qu'elle a été éloignée de Saint-Germain. Cela fait bien longtemps qu'il ne lui a pas rendu visite. Il s'est levé avec l'intuition qu'elle aurait peut-être quelque chose à lui dire. Mazarin est un intuitif, à l'affût des moindres signaux que son esprit subtil saisit du monde qui l'entoure. Lorsqu'il se présente au château, il fait un détour par les communs où il sait pouvoir trouver le couple Brassac, qu'il a placé là, en garde-chiourme de la reine. Quoi de neuf ? Il n'est pas venu les mains vides. Une bourse emplie de pièces d'or alourdit la poche droite de son manteau qu'il fait tinter. Au son de cette agréable musique, l'homme se souvient que la semaine dernière il est arrivé un document en provenance d'Espagne. Une lettre d'une extrême importance si l'on en croit la fébrilité de la reine, qui a demandé à ne pas être dérangée de toute la soirée. D'Espagne ? Comment peut-il en être si certain ? L'a-t-il eu sous les yeux, ce document ? Oui, de loin, mais sa vue, grâce à Dieu, est excellente. Le cachet ne laissait aucun doute, il sait distinguer l'espagnol du français. Intéressant.

Et ce n'est pas tout, complète la femme, qui lorgne vers les poches de son employeur. Que doit-il savoir encore ? Le lendemain, un visiteur s'est fait annoncer, qui n'est pas étranger au château : le comte de Brienne. Elle l'a surpris tirant de dessous son pourpoint des lettres en blanc qu'il a fait signer à la reine, l'une après l'autre. D'étranges feuilles griffonnées de quelques lignes que Brienne a rangées avec promptitude quand elle leur a apporté une collation. La souveraine avait encore la plume à la main. Mazarin reconnaît là des actes d'enrôlement, la signature de la reine servant à convaincre des hommes de rejoindre la conjuration. Le diplomate n'est pas non plus sans ignorer que Brienne est un proche parent de De Thou.

Rien d'autre ? Le couple se consulte, touchante image de la bonne volonté. Ils aimeraient vider tout un sac de nouvelles, mais ils s'arrêteront là, inquiets de savoir si ces deux confidences suffiront pour ce qu'il y a dans la poche de l'Italien. Apparemment, oui. Il allège son manteau et part saluer la reine, qu'il trouve avec ses deux fils et leurs gouvernantes.

— Louis, allez serrer la main de notre ami.

L'aîné, à genoux devant une citadelle, se lève en protestant. Mazarin a également pensé à lui : de son autre poche, il extrait une belle brioche, bien molle, qu'il se fait livrer chaque matin du meilleur boulanger de Paris. Le Dauphin est gourmand, il le sait. L'Italien l'accompagne jusqu'à sa forteresse.

— Savez-vous, monseigneur, qu'elle ressemble à Perpignan que votre père le roi s'efforce d'arracher aux Espagnols ?

L'enfant s'en réjouit, dévore d'une bouchée la moitié de la brioche et réduit l'autre moitié en petites boulettes dont il mitraille son fortin.

— Irons-nous un jour à Madrid pour conquérir la ville ? s'exclame-t-il.

Mazarin et la reine éclatent de rire.

— Sans doute, monseigneur, et vous y ferez une entrée triomphale. Madame, puis-je m'entretenir avec vous ?

La reine l'accueille avec plaisir, car l'isolement à Fontainebleau lui pèse ; même si l'air y est plus léger qu'à Saint-Germain et que le cardinal vient habilement de lui restituer ses enfants.

— Venez vous chauffer près de la cheminée, il fait encore froid dans nos campagnes d'Île-de-France.

— Ce n'est pas, Votre Majesté, le climat de Madrid où l'on doit déjà ramasser les fraises.

À ce nom de « Madrid », la reine pousse un soupir qui n'échappe pas à Mazarin. Regrette-t-elle les jardins de San Lorenzo de l'Escurial ? Comme on regrette les folles courses-poursuites de sa jeunesse dans des allées fleuries. Au diplomate de soupirer.

— Faut-il que nos deux pays se détestent pour que cet Escurial ait été bâti en mémoire d'une victoire remportée sur la France, le jour de la Saint-Laurent, à Saint-Quentin, en signe d'expiation pour les civils massacrés à cette occasion ?

Il tarde à Mazarin de voir signée une paix définitive entre Paris et Madrid, que la reine soit assurée qu'il y œuvrera de toutes ses forces. Elle le remercie de ses paroles. C'est que les années passées là-bas, ajoute-t-il, à l'université d'Alcalá de Henares, furent aussi celles d'une jeunesse à laquelle il repense toujours avec tendresse. Elle l'interroge sur ses études. Du droit, n'est-ce pas ? Négligé avec une admirable constance. C'est qu'à cet âge-là il n'avançait pas très droit – petit sourire –, préférant à la sécheresse des articles de loi en latin le charme des salons de jeux et des dames castillanes. Ce charme-là est irrésistible, insiste Mazarin, qui n'a pas oublié ces femmes en tout point semblables à la souveraine qui lui prête une aimable attention. Elles y sont spontanées, débordantes de vie, prêtes à plaisanter, poursuit-il en la fixant du regard.

— Tel que vous me voyez là, Votre Majesté, je pourrais être aujourd'hui un notaire madrilène, bourgeoisement marié, flanqué de nombreux enfants.

À cette évocation, la reine éclate de rire.

— Et vous voilà avec moi, causant assez bourgeoisement au coin du feu.

Mazarin rit un peu, puis fronce les sourcils.

— Croyez-vous donc ? Paris bruit de multiples rumeurs sur une action imminente contre le cardinal.

Anne fait l'étonnée. Paris est loin de Fontainebleau, les nouvelles se perdent en route.

— Et de qui cette action ? demande-t-elle innocemment.

— De celui que vous n'aimez point.

Le Temps des trahisons

Le crépitement d'une bûche souligne le silence qui accueille cette phrase. Cinq-Mars. Le revoilà. Serait-on déjà au courant ? À cet instant, la reine, à son grand effroi, comprend que la visite du diplomate ne doit rien au hasard. Ont-ils été assez imprudents pour que leur action s'ébruite ? Malgré la chaleur du feu, elle en a des sueurs froides. Quel serait son sort si on fouillait ses affaires où elle a fait ranger un document arrivé de Madrid qui attend sa signature ? À présent, il lui brûle les doigts.

Pour masquer son trouble, elle tisonne les braises, ce qui ravive la flamme.

— Vous avez l'art, Votre Majesté, de ranimer le feu.

Loin de la tranquilliser, ce compliment accentue sa gêne. Se souvient-il, lance-t-elle en se raclant la gorge, se souvient-il des propos qu'elle lui a tenus jadis à l'encontre de M. le Grand ?

Mazarin fait mine de réfléchir, comme si sa prodigieuse mémoire pouvait être mise en défaut. N'y évoquait-elle pas un malheur susceptible de frapper Cinq-Mars qui ne susciterait chez elle aucune plainte ? C'est à peu près cela.

— Un tel malheur serait-il imminent ?

— Il se pourrait, répond la souveraine qui ne sait comment se jeter à l'eau.

— Devrait-il prendre connaissance d'un... document ?

Mazarin a deviné qu'il devait faire le premier pas. Pour ne pas mettre la reine dans l'embarras, il se penche vers la bûche sur laquelle il souffle en gonflant ses joues de façon comique.

— Serait-il intéressé ?

Elle n'ignore évidemment pas la réponse. Justement, il se trouve qu'un papier est parvenu jusqu'à Fontainebleau dans des circonstances qu'elle ne s'explique pas, Mazarin arrive à point nommé. Enchanté par cette heureuse coïncidence, ravi même de pouvoir lui rendre service, il s'incline en rappelant la nécessité qu'il y a, parfois, à s'alléger dans la vie.

— Détruit, détruit, nous l'avons détruit !

Louis vient d'interrompre leur conversation pour leur annoncer qu'il a pris d'assaut la citadelle. La brioche a fait son œuvre. Perpignan n'est plus qu'un tas de ruines. Et, avec l'innocence de son âge, l'enfant s'écrie :

— Maintenant, nous allons faire du mal à Madrid.

Où l'on apporte enfin la preuve

À sept heures du matin, le ministre en est déjà à sa sixième missive. Son médecin l'a pourtant mis en garde : pas plus de quelques lettres par jour. Celle-ci s'adresse au stathouder de Hollande qu'il prie de bien vouloir lui exprimer son fidèle soutien. Il lui en indique aussi le moyen : informer le roi que seul le cardinal de Richelieu l'incitera à demeurer l'allié de la France et à ne pas rejoindre le camp de l'Espagne. Malgré le réconfort reçu du souverain, le cardinal redoute un coup de théâtre et redouble de précautions. Chavigny, toujours en faction à Narbonne, lui a rapporté l'agitation de Fontrailles qui aurait prétexté la menace d'un duel pour vouloir quitter les lieux. De Thou, sur lequel il a un œil, ne tient pas non plus en place.

Il en est aux formules de politesse lorsque deux coups violents sont frappés. Le cardinal sursaute, regarde la pendule, puis se dirige avec peine vers la porte fermée à clé.

— Le mot de passe ?
— Valladolid, Éminence. Ouvrez vite !
Le cardinal déverrouille.

Le Temps des trahisons

— Mazarin ! Mais que faites-vous là ?
— Nous l'avons. Nous l'avons. J'ai crevé plusieurs chevaux pour vous l'apporter moi-même.
— Nous avons quoi ? Que diable, un peu de clarté !
Mazarin brandit plusieurs feuilles sous son nez.
— Le traité ! Avec l'Espagne et le duc d'Olivares. J'ai vérifié les signatures. Le duc de Bouillon, Monsieur et Cinq-Mars se sont portés garants, ils y sont tous.

Richelieu lui arrache les papiers qu'il parcourt fébrilement. Cinq-Mars ? Ses prières auraient-elles été entendues ?

Il retourne à son bureau d'un pas vif ; il n'a plus mal nulle part, ses douleurs ne sont plus qu'un mauvais souvenir. Il relit calmement, soulignant les points essentiels. *Le roi Philippe IV fournira une armée de douze mille fantassins et de six mille cavaliers, plus quatre cent mille écus pour les soldes...* Ah, ces Ibériques, ils se saigneraient jusqu'à la dernière goutte pour nous voir vaciller... *Une pension annuelle de cent vingt mille écus sera versée à Monsieur, quarante mille écus seront accordés au duc de Bouillon et à M. le Grand...* Les scélérats ! Voilà donc le salaire de leur trahison. Comparé à eux, Judas est un ange... *Conclure la paix avec le royaume d'Espagne en lui restituant tous les territoires et places fortes depuis le début de la guerre...* Regardez, Mazarin, comme il est facile de tout détruire avec un simple bout de papier. Un seul document qui réduit à néant plus de quinze ans de sacrifices. Toutes nos conquêtes. L'Artois. La Lorraine. L'Alsace. La Savoie. Sedan. Brisach. Le passage des Alpes. Et peut-être le Roussillon et la Catalogne si notre campagne réussit... *Rompre les alliances du royaume de France avec les États protestants, Hollandais, Suédois et princes de l'Empire...*

Je vous le dis, le pire ennemi de la France, c'est elle-même. Des gens sans conscience. Des croqueurs de fromages. Quand donc en finira-t-on avec nos désunions ?

— Savez-vous ce que vous venez de m'apporter là ?

Mazarin, qui a arpenté la pièce pendant cette lecture, s'immobilise.

— La preuve, Éminence ?

— Non, le salut du pays ! L'autre nuit, nous évoquions l'Histoire. Eh bien, ces feuilles-là, on en parlera encore dans plusieurs siècles.

Il se met à hennir. Mazarin observe, étonné, ce singulier spectacle.

— Comme il est bon de hennir à la France ! Joignez-vous à moi, nous ne sommes pas trop de deux pour nous réjouir.

Mazarin prétexte une gorge un peu fragile, mais Richelieu n'est pas dupe.

— Ah, je reconnais bien là l'homme d'État qui a la victoire modeste. Voyez-vous, je ne peux me retenir, ce sera mon dernier plaisir.

Et il repart de plus belle. Mais ce n'était qu'une mise en train. À présent, il se chatouille.

Son corps se convulse en silence, sous le regard ahuri de Mazarin. Un remède prescrit par son médecin.

— Riez avec moi, riez à l'avenir de la France, personne n'en saura rien.

Est-il devenu fou ? La crise ne dure guère, car son rire vire à la grimace, ses fistules l'élancent, la joie a été trop forte.

— Mais au fait…

Richelieu a repris contenance.

— Me direz-vous quelles voies ont permis ce miracle ?
— Elles furent, monseigneur, assez tortueuses.

Et Mazarin se lance dans le récit de sa visite à Fontainebleau, que le cardinal écoute en connaisseur, appréciant chaque détail d'un hochement de tête.

— Elle en était donc. Il faudra s'en souvenir. Sans oublier son geste. Car ce sont Cinq-Mars et ses complices qu'elle nous offre sur un plateau. Elle songe déjà au coup d'après. Plus fine politique que je ne le croyais. Aurait-elle appris des défaites que nous lui avons infligées ? Par ce simple mouvement, elle est en passe d'éliminer ses trois rivaux. Cinq-Mars. Bouillon. Monsieur. Félicitations ! Je n'aurais pas fait mieux. Mais cette générosité doit demeurer secrète : la reine n'a rien fait, n'a rien dit, elle nous en saura gré, elle vous en saura gré. Car la reine, c'est l'avenir. On fera croire que la copie du traité a été interceptée par nos services à son retour d'Espagne, voilà le récit à accréditer.

Mazarin se permet cependant de suggérer un autre scénario.

— Et si c'était plutôt l'Espagne qui nous avait livré les conjurés ? Madrid aurait voulu ainsi éliminer tous ceux qui pourraient faire de l'ombre à la reine, quand le roi et Son Éminence – si je peux émettre cette hypothèse – auront disparu. Ils misent sur une reine toujours espagnole qui fera leur politique.

Le cardinal réfléchit. Cela se tient. Mais l'Espagne risque de démentir et le roi ne croira plus au document. Mazarin en convient, ils en resteront donc à la version du document intercepté.

Le Temps des trahisons

Quand le diplomate propose d'aller le porter au souverain, Richelieu l'en dissuade.

— Ne quittez pas les coulisses, le sang va couler. Ne vous salissez pas les mains. Le moment venu, et il viendra bientôt, vous apparaîtrez comme le recours, un homme pur, intact, qui n'aura trempé dans rien.

Sans sa mauvaise santé, Richelieu s'en chargerait lui-même : il s'imagine un instant face au roi, remettant ces feuilles compromettantes où figure la signature de Cinq-Mars.

— Qu'on envoie un homme sûr pour confier le document à Chavigny et qu'il se fasse accompagner par Noyers, ce qui lui donnera plus de poids encore. Nous verrons bien ce qu'en dit le souverain.

Mazarin se réjouit de voir si résolu le cardinal, qui livre là, lui confie-t-il, son ultime combat. Avant de quitter la scène, il lui reste ce dernier travail, purger le tonneau des Danaïdes du royaume. À cette perspective, il se sent redevenu un jeune homme. Et il recommence à se chatouiller.

Où cela sent le brûlé

— Affligeant.

Alors qu'il parcourt le traité signé avec l'Espagne, Chavigny, le secrétaire d'État aux Affaires étrangères, vient pour la troisième fois de répéter cet adjectif. Il le lit en homme de la partie, mais à mesure qu'il en découvre les clauses, la colère prend le dessus. Tout simplement affligeant.

— Accablant, lui répond Noyers, surintendant des bâtiments de France, qui se retient de déchirer de rage cet ignoble torchon qui brade le pays pour quelques plats de lentilles.

— Et maintenant le roi, fait Chavigny, une fois sa lecture terminée.

Les deux hommes se regardent, embarrassés. La tâche promet d'être rude. Chavigny, le plus volontaire, donne le signal et les voilà qui font résonner de leurs souliers les couloirs du palais des archevêques de Narbonne où la Cour, lassée du siège de Perpignan, s'est repliée.

Mettre la main sur le roi, c'est chose faite dans les appartements de l'archevêque. Hélas, ils le trouvent en grande conversation avec Cinq-Mars. Avec l'onctuosité désarmante du diplomate, Chavigny adresse mille compliments à M. le Grand sur sa toilette du jour tandis que Noyers en profite pour tirer le roi par la manche en lui murmurant qu'il souhaite l'entretenir en privé. Mais le monarque résiste.

— Que me voulez-vous ?
— Une affaire, sire, de la plus haute importance.
— En êtes-vous bien certain ?
— Faites-moi pendre si je vous ai menti.
— C'est avec votre vie que vous jouez, Noyers.
— Il vient un jour où nous jouons tous avec notre vie, sire.

Soit. Le monarque, intrigué par les derniers mots de son surintendant, l'entraîne dans une pièce voisine.

Le marquis a vu d'un œil inquiet surgir cet étrange attelage. Il a toutes les peines à se défaire des circonlocutions de Chavigny, mais Noyers s'interpose : ils doivent parler au roi et d'autres obligations sans doute appellent Cinq-Mars ailleurs. Le propos comme la sécheresse du ton de ce triste sire frappent le marquis, qui se retourne vers Chavigny, lequel esquisse un mouvement de sourcils. Le souverain a déjà tourné les talons. Prendre la liberté de l'accompagner ? Son favori a soudain des timidités.

Ayant cédé la place, il se dépêche d'aller prévenir Fontrailles, revenu d'Espagne. Quelques jours auparavant, le bossu avait exprimé les plus vives inquiétudes après l'arrivée d'une lettre laissant entendre que le complot s'ébruitait à Paris. Cette fois, son complice le supplie de fuir Narbonne.

— Monseigneur, la messe est dite, n'attendons plus pour quitter l'église.

— Froussard, se moque le jeune homme, qui tente de se rassurer, vous vous faites des romans.

Fontrailles secoue vivement la tête.

— Monseigneur, j'ai trempé dans assez de conjurations pour deviner quand il est temps de prendre le large. Cette délégation de Chavigny et de Noyers ne me dit rien qui vaille. Le duc de Bouillon nous a assuré Sedan, nous y trouverons refuge.

Mais Cinq-Mars ne veut rien entendre. S'éloigner, c'est avouer sa culpabilité et perdre la confiance du roi.

— Si vous restez, lui rétorque Fontrailles, vous y perdrez surtout votre tête. Certes, vous serez encore d'une belle taille, mais pour ma part, je suis trop petit pour être décapité.

Et pendant qu'il le met en garde, le marquis le voit changer d'habit et revêtir la bure.

— Je me sauve, fait le nouveau moine en rabattant sa capuche, et vous devriez en faire autant.

Mais Henri demeure sourd à ses recommandations. Lui qui a fui si souvent le roi ne se résout plus à s'en éloigner.

Où le roi apprend la triste vérité

— Allons bon, encore un complot ! Il en faut toujours un à Son Éminence. N'en a-t-elle jamais assez ?

L'entrevue ne débute pas sous les meilleurs auspices. Le souverain est sur la défensive et, de sa haute taille, il toise Chavigny qui tient à la main le traité qu'il lui désigne.

— Sire, ce sont vos ennemis qui n'en ont pas assez. Avez-vous déjà eu à vous plaindre de la vigilance de Son Éminence ? Souvenez-vous. Chalais. Bouteville. Marillac. Montmorency...

— Arrêtez avec tous ces morts, l'interrompt le roi. Le cardinal ne redoute-t-il pas qu'à l'heure du Jugement dernier Dieu les lui rappelle ?

— Pour le bien de votre royaume, il met en péril son salut, intervient Noyers, resté jusque-là en retrait et qui a fait deux pas en avant.

— Toi aussi, Noyers, tu y crois ?

Il me tutoie ? s'étonne le surintendant. Le roi le prend-il pour un autre ? Sa raison s'égare.

— Si Votre Majesté veut bien lire...

Chavigny tend les feuilles au roi dont le visage s'empourpre à mesure qu'il les parcourt, pris d'une colère qui monte en lui et qui le fait hurler :

— Un fatras, tout ceci n'est qu'un fatras, votre haine de M. le Grand a-t-elle besoin de tremper dans ce tissu de mensonges ?

Le cardinal les avait prévenus, le souverain contesterait l'authenticité du document. Il leur a préparé une réponse à lui opposer que Chavigny répète mot pour mot :

— S'il s'agit d'un faux, il vous sera facile de délivrer M. le Grand. En revanche, si vous n'agissez pas, les Flandres et la Champagne risquent fort d'être envahies.

Mais le roi ne veut rien entendre.

— Soit. M. le Grand indispose le cardinal et je sais les mots qu'il a eus contre lui comme les sentiments qu'il nourrit à son encontre.

— Sire, Son Éminence ne juge que sur les faits, et ce document, si elle s'est trompée, que Dieu, je l'en supplie, ne lui pardonne pas, en est un.

Noyers reprend son souffle, satisfait de sa phrase. Le roi l'est beaucoup moins.

— Parlez plus simplement, tout est déjà assez embrouillé. Et ne se pourrait-il pas qu'on ait ajouté son nom à la liste des signataires ?

Si le roi pose la question, c'est que ses certitudes s'effritent.

— La source, quelle est la source ?

Chavigny livre la version élaborée par le cardinal, que le roi écoute, la tête penchée, accablé.

— Laissez-moi ce traité.

Le Temps des trahisons

Noyers proteste. Il doit faire l'objet d'un dépôt. Dans quelques siècles, on mentionnera encore ce document, comprend le monarque révulsé par ces feuilles qui feront tache sur son règne et qu'il voudrait déchirer, comme si elles n'avaient jamais existé. Mais il ne le peut pas. Il assiste impuissant à l'Histoire en marche qui a pris la forme de ces bouts de papier que l'on consultera après sa mort dans les archives de l'État. Une larme perle au coin de son œil droit, sa vision se trouble pendant que Chavigny et Noyers, ces messagers du malheur, délibèrent sur les dispositions à prendre contre M. le Grand, qui devra revenir au palais pour assister au coucher. L'air absent, le souverain laisse filer cette conversation qui condamne son favori.

Il attend. Voilà, ils se retirent. Maintenant qu'ils sont partis, il peut s'abandonner à sa douleur. Tout à l'heure, il a peut-être vu Cinq-Mars pour la dernière fois. Il n'y aura donc point d'adieu ? Mais comment supporter sa vue ? Comment recevoir ses excuses ? Ah, monsieur le Grand ! Après Chalais, Bouteville, Marillac, Montmorency, il a fallu qu'à votre tour... A-t-il d'autre destin que d'être trahi ? Cette fatalité tient-elle à sa charge de roi ou bien à sa personne ? Il préfère croire à son martyre, qui lui impose de sacrifier ce qu'il a de plus cher. Sa douleur confine au tragique, mais la tragédie s'accompagne d'un dégoût qui le fait soudain baver.

Où Cinq-Mars se met à l'abri

Une petite voix souffle à Cinq-Mars de monter sur un cheval pour s'enfuir loin de Narbonne. Mais il refuse de l'entendre. Son insouciance a repris le dessus ; il s'en va tranquillement souper chez M. de Longueuil, gouverneur des châteaux de Saint-Germain et de Versailles. Son hôte le soûle d'histoires de chasse et de délits commis sur ses domaines ; Henri boit plus que de raison pour supporter cette conversation dont l'annonce du coucher du roi vient le sauver. Laissant là le causeur, il se rend avec Belet, son domestique, jusqu'aux appartements de l'archevêché.

Comme l'air est doux cette nuit, ne sens-tu pas, Belet, merveilleusement doux, on voudrait qu'il en soit toujours ainsi. Le valet acquiesce, surpris par la confidence de son maître qu'il n'a jamais connu aussi lyrique. Henri marche sans hâte, comme un homme qui profite de ses derniers instants de liberté. À mesure qu'il approche du palais, il se souvient de la menace qui plane sur lui, s'il ne tente pas quelque chose... Il lève la tête vers le ciel obscurci, qu'il interroge. Aura-t-il l'occasion de parler en privé au souverain ?

Le Temps des trahisons

Alors qu'il franchit la porte du palais, il est saisi à la manche. Son réflexe est de se défendre, mais on ne cherche qu'à lui remettre un billet, glissé dans sa main par un inconnu qui disparaît sans que Cinq-Mars ait pu apercevoir son visage. Il ressort sur la place. Trop tard. Le messager s'est volatilisé. Sur le morceau de papier, ces quelques mots : *On en veut à votre personne.*

Va-t-il encore ignorer cette mise en garde ? Il envisage l'hypothèse d'un piège. Le pousserait-on à s'enfuir pour faire éclater au grand jour sa culpabilité ? Qui oserait prendre pareil risque ? Il ordonne à Belet de rentrer sans délai à son logement pour brûler ses papiers et attendre ses instructions. Et vous, monseigneur ? Il s'en va passer la nuit dehors. Si on l'interroge, il ne sait rien.

Où trouver refuge ? Il se rappelle l'orfèvre à qui il a remis mille francs pour sertir une bague qu'il comptait offrir à Marie de Gonzague. La princesse, leur croisade, comme tout cela semble loin ! M. le Grand avait ébloui l'artisan par son savoir sur les bijoux. Mais situé face au palais, son commerce est trop exposé. Il y a bien la ravissante fille de ce notaire à qui il est allé présenter ses hommages. Où diable habite-t-elle ? En pleine nuit, il craint de se perdre en chemin.

Il se décide pour Mme Siouzac, qui hier lui a accordé ses faveurs. Le trajet est frais dans sa mémoire. Son mari, greffier au tribunal, se couche tôt, lui a confié l'épouse, qui fait chambre à part. Tel un amoureux empressé, il gratte à la fenêtre de la jeune femme, qui, ravie de cette visite inespérée, l'emmène dans une chambre qu'elle réserve à ses menus plaisirs. Le marquis lui en donne un peu, avant de prétexter une soudaine fatigue pour se retrouver seul avec ses pensées. Qui l'a trahi ? De Thou ? Inconcevable. Fontrailles ? Aujourd'hui, il lui conseillait encore de disparaître. Monsieur ? Ce n'est pas à exclure, mais pour quelle raison ? Lui en faut-il une ? Et qui l'aurait prévenu que l'on s'apprête à l'arrêter ? Cinq-Mars veut croire que le roi, informé par Chavigny et de Noyers – car ces deux sinistres personnages sont venus le dénoncer, il n'en a plus le moindre doute –, a été pris d'un remords. Et sur cette perspective réconfortante, il s'endort.

Où Cinq-Mars se réveille
en sursaut

On a toqué à la vitre. Ou bien est-ce dans son rêve ? On toque encore. Il fait nuit noire. A-t-on déjà deviné sa cachette ? C'est un valet qu'il n'a jamais vu. Le roi, vient-il l'avertir, a donné l'ordre de fermer toutes les portes de la ville. Qui l'envoie ? Aucune réponse. Cinq-Mars le menace. Comment a-t-il retrouvé sa trace ? C'est que M. le Grand n'est pas un personnage que l'on perd de vue, répond l'autre. Le roi m'aura fait suivre hier, songe Cinq-Mars, qui regrette d'être sans argent. Il lui indique son adresse pour que son domestique cherche une issue et vienne le rejoindre.

L'émissaire s'acquitte de son message à Belet, qui se réveille de mauvaise humeur. Il a déjà reçu la fort désagréable visite de la garde écossaise, qui l'a maltraité, fâchée par les cendres et l'odeur de brûlé qu'elle a découvertes. Belet ne juge pas bon d'obéir à son maître. Le malheureux. S'il avait pris la peine de quitter son lit, il aurait constaté que l'une des portes de la ville n'était pas gardée, celle prévue cette nuit pour l'équipage du maréchal de La Meilleraye, qui doit arriver de Perpignan.

Le roi espérait en secret que son favori y aurait songé. Or, celui-ci l'ignore, payant là son peu d'assiduité aux affaires de la Cour.

Le sommeil le terrasse de nouveau, tandis que des hérauts parcourent en criant les rues de la ville : toute personne qui accueillera le fugitif sera punie de mort. Nouvel ordre du roi, qui a estimé son favori hors de portée. Tragique malentendu. Il croyait l'avoir sauvé, il va précipiter sa fin. Aux premières lueurs de l'aube, l'un de ces messagers vient à longer les fenêtres des Siouzac. Avec une rapidité admirable, la dame trousse un joli conte à son mari : il y a chez eux un gentilhomme de bonne mine, qui hier au soir ne trouvait pas de toit et qu'elle n'a pas eu le cœur de renvoyer. Elle a tout lieu de croire que c'est lui qu'on recherche.

Son époux, qui ignore ses infidélités, agit en greffier habitué à faire respecter la loi. Dix hommes armés envahissent sa maison dont il leur a signalé les diverses entrées. Ils sont autorisés à fracasser la porte de cette chambre où dormirait leur fugitif, par un regrettable quiproquo. Cinq-Mars, qui n'a jamais eu l'âme d'un clandestin, se sent soulagé. Qu'on lui laisse son épée, il vaut mieux qu'un vulgaire criminel, réclame-t-il seulement en adressant un dernier sourire à sa dénonciatrice qui baisse les yeux. Elle ou une autre...

De Thou et quelques hommes du duc de Bouillon croupissent déjà dans les caves du palais de l'archevêché d'où le roi s'est éloigné pour ne pas croiser son favori. Des bruits d'évasion se propagent, le déploiement d'un régiment autour de l'édifice les fait taire. Cinq-Mars est poussé dans une calèche, acheminée sous bonne garde.

Le Temps des trahisons

Quarante soldats pour un homme seul, c'est lui faire beaucoup d'honneur. Le lendemain, il effectue une entrée remarquée à la prison de Montpellier où, avant de pénétrer dans sa cellule, il s'exclame :

— Ah, faut-il mourir à vingt-deux ans !

Peu sensible au panache, le geôlier le bouscule sans ménagement.

Où le roi apprend
une bien désagréable chose

Quelle folie a pris M. le Grand ? Depuis l'arrestation, le roi, qui s'attarde à Narbonne, pose la question, avec une obstination inquiétante, à tout son entourage. Ainsi le marquis de Mortemart est-il invité à donner son avis : l'ingratitude, sire.

Par intérêt plus que par sollicitude, le cardinal a incité ce premier gentilhomme de la Chambre à venir occuper la place laissée vacante. Il faut ménager le monarque, qui est de santé fragile ; sa disparition prématurée ne pourrait qu'inaugurer une période de troubles.

En sa présence, le souverain rumine le passé. Son amitié ne suffisait-elle donc pas à M. le Grand ? N'avait-il pas un peu d'affection pour sa personne ? Mortemart évoque l'ambition qui étouffe tout autre sentiment et accuse la princesse de Gonzague qui l'aura manipulé pour prendre sa revanche contre le royaume.

— Ils ont donc tous profité de lui.
— Qui ça ? s'étonne le gentilhomme.
— Monsieur, le duc de Bouillon, de Thou. Tous rompus au complot, ils ont fait leur jouet de Cinq-Mars, profitant de sa jeunesse.

Son nouveau confident se permet d'en douter : pour signer pareil document, il faut en avoir soupesé chaque mot.

— *Il est arrêté qu'on ne traitera de part ni d'autre avec la Couronne de France sans le consentement des deux parties contractantes...*

Le roi en connaît par cœur certains passages qui le désignent comme l'ennemi. Le sens politique de M. le Grand s'était amélioré, il l'en avait félicité quand il aurait dû s'en méfier. Aimable, c'est là qu'il était le plus fourbe. Toutes ses protestations de bonté, des simulacres ! Une douleur remue les entrailles du souverain, qui ne veut pas renoncer à comprendre.

M. le Grand parlait-il quelquefois de lui ? Un mot et tout peut-être sera pardonné. Mortemart devine le danger.

— Sire, il m'a dit deux mots à Perpignan, quand vous le réclamiez à vos côtés.

— Lesquels ?

— Les voulez-vous vraiment ?

— Je vous l'ordonne.

— Soit. *Il traîne*, lâche Mortemart.

— Pardon ? s'écrie le roi.

— Il traîne, répète le gentilhomme avec un peu plus de douceur.

— « Il traîne », reprend le souverain, foudroyé. Voici donc le misérable spectacle que je lui offrais, celui d'un traînard.

Il se voyait en guerrier insensible à la douleur, il apprend qu'il ne suscitait que de la pitié, voire du mépris. Par ces deux petits mots, Mortemart a résumé l'ignoble comédie que le marquis aura jouée. Or, le mensonge, aux yeux du roi, est bien pire que la trahison.

Dès lors il encourage Mortemart à exprimer tout le mal qu'il pense de son ancien favori. Il veut maintenant qu'on le piétine, qu'on le lacère comme les habits d'un pestiféré. Et quand Mortemart reste muet, le roi déverse le flot de sa rancune. M. le Grand a poussé le luxe à un tel excès qu'il avait quarante-trois habits et qu'il a fait faire à Paris un cabinet d'Allemagne enrichi d'or et de pierreries dont le prix était de cent mille livres ! Une si grande profusion lui fait soudain soupçonner qu'il recevait ailleurs de l'argent, probablement de l'Espagne.

Aussi préfère-t-il penser que Cinq-Mars l'a trahi pour une simple question de dettes. Ce jour-là, après avoir vidé son sac, il regagne sa chambre, où il tient rangées, dans un tiroir, plusieurs liasses de lettres. Il les jette au feu, sans même relire ces phrases qu'un jour, sans doute, il a crues. Ainsi disparurent quelques secrets.

Où le roi et Richelieu ont une première explication

Deux fauteuils, larges et profonds, ont été disposés près des fenêtres selon la consigne du cardinal : en vis-à-vis, à un mètre de distance. Il patiente en admirant des blasons de la ville de Tarascon qui représentent les jambes tordues d'un homme avalé par la Tarasque que sainte Marthe réussit à dompter. Le trait est bien rendu, terrifiant.

Il pose les feuilles et contemple le Rhône dont il apprécie la rumeur apaisante. Un mois qu'il réside à Tarascon, dans ce château du roi René. Le souverain, qui lui a annoncé par lettre son impatience de le retrouver, vient à sa rencontre. Il est en retard. Son Éminence tambourine sur ses papiers.

Il entend enfin du bruit. Des portes s'ouvrent, des bottes martèlent le sol, on s'exclame. Il tente de se lever, avant de renoncer quand il aperçoit le souverain qui apparaît, très voûté. Un fardeau invisible semble lui écraser les épaules. Il marche en dedans, se dit le cardinal. Comme il me regarde de loin, songe quant à lui le roi, étonné par le délabrement de son ministre.

Le Temps des trahisons

— Comment se porte Votre Éminence ?
— Votre Majesté est trop bonne de se soucier de ma misérable santé quand c'est à moi de m'inquiéter de la sienne.
— Rien de ce qui vous concerne ne m'est indifférent, assure le roi, à qui le cardinal formule des prières pour son rétablissement.

Maintenant qu'ils ont pris de leurs nouvelles, ils peuvent passer à la suite.

— Votre Majesté a-t-elle fait une petite halte à Montpellier ?

Le souverain, qui a saisi les accoudoirs, esquisse une première grimace. Cette disposition des fauteuils ne lui convient guère. Il redoute les tête-à-tête, plus encore les face-à-face. Son Éminence souhaite-t-elle savoir s'il a eu une entrevue avec M. le Grand ? La réponse est non, mais sans doute ne lui apprend-il rien.

— Le roi, sire, voit qui il veut.
— Et le roi, Votre Éminence, a bien le droit d'avoir un ami, ou bien serait-il sur cette terre la seule personne privée de ce plaisir ? Il règne depuis l'âge de neuf ans, la charge est bien assez lourde pour l'autoriser.
— Est-il son ami, celui qui contresigne de son nom le traité que Votre Majesté a lu ?
— Qu'on me prouve que ce papier n'est pas un faux ! On connaît ces procédés.

Le roi est retombé dans le soupçon et la défiance.

— L'heure a-t-elle sonné, s'étonne le cardinal, où mes qualités tiennent lieu de crimes ? Le Jugement dernier me sera plus clément.

— Laissez Dieu en dehors de cette affaire, c'est à l'homme d'État que je m'adresse, corrige le roi, et souffrez que je constate votre gêne.

— Que Votre Majesté constate dans ce cas mon malheur, car elle doute de ma parole.

Richelieu brandit l'un des papiers qu'il serrait jusque-là. Une lettre signée par Monsieur, qui en dira plus sur la responsabilité de M. le Grand. *Mon cousin, le roi mon Seigneur m'a fait l'honneur de m'écrire quel a été enfin l'effet de la conduite de ce méconnaissant M. le Grand. C'est l'homme du monde le plus coupable de vous avoir déplu après tant d'obligations. Les grâces qu'il recevait de Sa Majesté m'ont toujours fait garder de lui et de tous ses artifices... Aussi est-ce pour vous...*

— Est-ce là aussi un faux ou Votre Majesté reconnaît-elle l'écriture de son frère ?

Le cardinal lui tend la feuille, à laquelle le roi n'accorde qu'un regard méprisant.

— Je reconnais le style. Pour paraître innocent, Monsieur accuserait la terre entière.

Richelieu a gardé en réserve une autre lettre que Monsieur lui a envoyée après qu'on fut allé lui mettre sous les yeux une copie du traité. Il fut du reste bien difficile de le trouver, tant il voyageait sur ses terres, de peur d'être arrêté. Voici : *J'exprime une extrême douleur d'avoir pris ces correspondances avec les ennemis de Son Éminence. Si j'ai prêté l'oreille à ces liaisons, c'est sur l'instigation de M. le Grand, qui nous a réunis avec le duc de Bouillon. Il nous a fait miroiter mille choses auxquelles nous avons eu la faiblesse de croire.*

Le Temps des trahisons

Pour sauver sa tête, Monsieur a donc sacrifié Cinq-Mars sur le double autel de sa faiblesse et de sa bassesse. Le regard du roi s'égare vers le fleuve. Il a été trahi par son favori qui a été trahi à son tour. Faut-il être toujours seul pour être à la fin toujours trompé ?

— Il y a encore ceci, poursuit le cardinal, que Monsieur a avoué : le projet d'un attentat contre ma personne, proposition dont Monsieur, il va de soi, n'aurait rien voulu savoir.

Le roi, lui, ne veut rien entendre : c'est une robe noire que Son Éminence devrait porter, elle conviendrait mieux aux deuils qu'elle annonce. Mais soit, admet-il, le perfide devra répondre de ses crimes.

Il en répond déjà dans sa cellule à Montpellier où on l'interroge, précise le cardinal, qui demeure assez vague sur les conditions de ces interrogatoires. Plus d'une fois, on a menacé Cinq-Mars de la question. Mais en faire état, c'est s'exposer à une volte-face du roi, qui s'écrie soudain :

— Que mon frère aussi soit puni. Que le duc de Bouillon, s'il veut échapper à la mort, nous livre Sedan. Qu'ils paient tous !

Le souverain, qui s'est redressé, s'écroule au fond de son fauteuil, exténué par cette volée d'imprécations. Leurs regards à présent s'évitent.

— Quel saut a fait M. le Grand, soupire le roi.
— Le saut de son infidélité, répond Richelieu.
— Que me reste-t-il encore ? s'interroge le souverain.
— Ma fidélité, Votre Majesté. Il vous faudra vous en contenter.

Le Temps des trahisons

Ainsi le roi se retrouve-t-il de nouveau seul face à l'homme qui depuis vingt ans le sert avec la même implacable rigueur.

Entend-il ces claquements d'ailes ? Le roi lui a désigné des colombes qui volent au-dessus du Rhône. Le ministre avoue moins bien entendre. Alors, qu'il les contemple. Qu'il admire ce coup sec qu'elles donnent pour demeurer en l'air. On pense qu'elles vont chuter, mais toujours elles se rattrapent et se relancent vers les sommets.

Le cardinal a écouté avec intérêt les paroles du roi, qui ajoute :

— Je ne connais pas de spectacle plus émouvant.

— Ce ne sont que des colombes, lui rétorque le cardinal.

Où Richelieu traverse la France

L'équipage a dépassé Lyon et se dirige vers Villefranche. On remonte la Saône tant que la rivière est navigable. Sous la surveillance de leurs maîtres et de leurs fouets, une vingtaine d'hommes rament sans relâche. En amont comme en aval, quatre compagnies de gardes avancent au pas sur les rives, afin de prévenir une attaque de brigands ou un coup de main d'éventuels ennemis.

Recouvert d'un drap de velours rouge, un grand dais a été dressé au milieu de l'embarcation pour protéger des rayons du soleil le personnage qu'on achemine lentement vers Paris. Le moindre choc des rames se répercute dans tout son corps meurtri, mais aux cahots des routes, il a préféré l'agitation des eaux. Que ce chemin de croix puisse être le prix de ses péchés ne lui a pas effleuré l'esprit. Il y voit l'apogée de son sacrifice pour la France.

La nouvelle de sa venue se répand dans les villages. Son Éminence arrive ! Elle approche ! Elle est là ! Des familles se précipitent sur les rives pour tenter de l'apercevoir, mais le cortège fend les flots et disparaît sans qu'on l'ait vue. Ceux qui seraient tentés de ramasser des pierres sur les grèves en sont dissuadés par la présence des patrouilles.

Sous la tenture, le cardinal demeure allongé, des coussins calés sous son dos, ses bras, ses flancs, ses jambes, sa nuque. On dirait un grand potentat d'Orient, avachi sur sa couche, s'adonnant au luxe des libations. Mais il travaille encore, et malgré son épuisement, il dicte son testament que deux secrétaires prennent en note. Quand il est à bout, il les congédie d'un geste brusque de la main, et regarde défiler le paysage auquel il semble dire adieu. Sa vision s'embrume. Les chevaux et les silhouettes des soldats se mélangent aux lignes des arbres et des prés.

On fait halte pour la nuit à Villefranche, où l'on porte sa litière jusqu'à la demeure la plus noble et la plus grande. Mais la porte de la maison choisie se révèle encore trop étroite. On s'y reprend à plusieurs fois, dans tous les sens, tandis que le malade gémit et qu'il faut, pour abréger l'agonie, se résoudre à éventrer la façade. On apporte des pioches, des marteaux, des pics, en promettant de dédommager le propriétaire, un notaire, qui ne songe qu'à l'honneur d'héberger l'homme le plus puissant du royaume.

Après une heure de sape, le cardinal effectue enfin son entrée. Déposé sur le sol, il félicite ses troupes pour ce siège, qui fut moins laborieux que celui de Perpignan. Mais l'incident ne doit surtout pas s'ébruiter. Un cardinal qui démolit les maisons de ses sujets pour y recevoir le gîte : il devine déjà tout le fiel des attaques qu'on pourrait en tirer.

Où Mazarin raconte son voyage à Richelieu

Mazarin s'en va rendre visite à Son Éminence. Leurs entretiens se suivent à un rythme soutenu. Richelieu se hâte de l'initier aux affaires, un enseignement ponctué de réflexions scrupuleusement notées. La dernière portait sur l'ingratitude des gouvernés et la fermeté inébranlable qu'il aura à manifester dans son ministère : *Le travail qu'on fait pour le public n'est souvent reconnu d'aucun particulier. Il n'en faut espérer d'autre récompense que celle de la renommée, propre à payer les grandes âmes.* Le diplomate se racle la gorge. La renommée... Il saura payer son âme autrement.

Je vais mourir, mais vous serez mon phénix, Mazarin, lui a-t-il aussi confié. Un jour, sans doute, il repensera avec nostalgie à ces conciliabules, où il aura été question de la France, de ses sujets, de l'indifférence à opposer aux calomnies. Pour qui travaillera-t-il ? Les Français ? Le roi ? L'État ? Ou pour lui ? Cette principauté de Sedan qu'il vient d'arracher au duc de Bouillon pour prix de sa trahison, qui se souviendra que c'est lui, le petit diplomate romain, qui l'a réunie à la France ?

Mah..., maugrée-t-il, ne peut-on pas travailler pour tout le monde à la fois ?

Le jour tombe sur la rue Royale et une silhouette s'avance vers lui. Il referme sa cape, fait un écart et accélère le pas. Maintenant qu'on murmure son nom pour succéder au cardinal, il craint pour sa vie. Il est pressé de rejoindre Son Éminence, qui a dérangé le rituel de leurs rencontres en l'envoyant à Lyon assister à l'exécution de Cinq-Mars. La preuve ultime de l'arbitraire de son pouvoir, lui ont reproché ses adversaires. Jamais Richelieu n'aurait commis la maladresse de paraître pour ce dernier acte. Il n'en aurait d'ailleurs eu ni la force ni le temps. Chaque jour compte désormais. Mais Son Éminence tient à savourer les adieux du personnage qui aura empoisonné la fin de son règne.

L'Italien revoit de Thou et Cinq-Mars s'étreignant, se demandant pardon, regrettant chacun la mort de l'autre, avant de se réjouir de succomber ensemble. Une scène très touchante. Cet attentat contre le cardinal, jusqu'où est-il allé ? On n'a pas manqué d'agiter la menace de la question. Sous la torture, songe Mazarin, il confesserait les pires crimes. Amaigri par sa détention dans le château de Pierre-Scize, Cinq-Mars a cédé. Oui, il s'en était fallu de peu que le cardinal n'ait été perdu à Lyon au mois de février. Perdu ou tué ? Perdu, a-t-il d'abord assuré, c'est-à-dire éloigné de son ministère. Puis il a fini par admettre que si un ordre avait été donné à cet instant l'affaire était faite. Quel ordre et par qui ? Par le roi ? Non, pas le roi, jamais, par moi, simplement par moi, l'ordre d'agir, de supprimer. Au seuil de la mort, les hommes se soulagent de leurs vérités. De Thou a été également entrepris. S'il avouait, on évitait la question à son compagnon. Mais il n'avait rien à avouer, sinon son amour de Dieu, dont il a imploré la miséricorde. Et il s'est mis à genoux pour baiser le sol.

Depuis près d'une heure, le cardinal se ronge les sangs, désœuvré. Il n'est plus en état de travailler. Il attend Mazarin. Non, il ne l'attend pas, il trépigne.

— Alors, cette exécution... M. le Grand a-t-il fait honneur à la magnifique place des Terreaux ?

Son émissaire avoue qu'à l'instant de sa mort Cinq-Mars a montré plus de dignité que durant toute sa vie. Richelieu grimace.

— Voyez ce pays où l'on a de l'honneur quand il est trop tard. Mais précisez, de grâce, des précisions.

Mazarin rassemble ses souvenirs.

— Lorsque le greffier du tribunal de Lyon leur a lu l'arrêt, de Thou s'est écrié : *Quam speciosi pedes evangelisantium pacem...*

— L'Épître de saint Paul, l'interrompt le ministre. Des conspirateurs qui s'expriment en latin ! Ce jeune homme a des lettres. Et Cinq-Mars ?

— Il était dans un coin de la pièce, un genou en terre, tenant son chapeau, écoutant avec une belle constance la sentence, avant de témoigner au roi et à vous, Votre Éminence, des regrets qu'il avait de sa faute, vous en demandant humblement pardon.

— Il était bien temps. La question ?

— Elle lui a semblé un peu rude pour une personne de son âge et de sa condition. Mais si la chose était nécessaire, il s'est proposé de l'endurer. Mené dans la chambre, il n'a pas tremblé et s'est assis sur le banc au milieu des chandelles, sans résister. Il s'est même offert à se déshabiller. Selon vos ordres, il a de nouveau été sollicité sur le complot. Admirable dans la négociation, le commissaire lui rappela que, s'il n'avouait pas, il n'obtiendrait pas le pardon de ses péchés et compromettrait son salut. M. le Grand lui a répondu que si on voulait bien ne plus le tourmenter davantage il souhaitait consacrer à ce salut le peu de temps qu'il lui restait.

— « Le tourmenter » ? Il était bien tard pour se soucier de son salut. Mais pour la confession, avez-vous pu obtenir quelque renseignement du père Malavalette ?

— Contre tous les usages, le confesseur a été interrogé sur les dernières paroles du jeune homme. Peu de chose. Il a regretté d'avoir à quitter la vie si jeune et pleuré sur son enfance. Comme il n'avait rien pris depuis vingt-quatre heures et que les forces commençaient à lui manquer, le père lui a procuré du pain et du vin. M. le Grand a rafraîchi ses lèvres et n'a touché qu'à un petit morceau.

— Ne confondez-vous pas avec le dernier repas du Christ ? s'étonne Richelieu.

Mazarin hoche la tête.

— Je m'excuse d'avoir à le déclarer, Votre Éminence, mais Cinq-Mars aussi s'est dit abandonné, non par Dieu mais par ses amis. Une plainte que le père Malavalette a qualifiée de douloureuse. Le jeune homme a déploré, honnêtement semble-t-il, la tromperie de ces amitiés qui à la Cour n'ont rien de sincère. Le prêtre lui a rappelé alors les vers d'Ovide : *Heureux, tu comptes de nombreux amis. Le ciel vient-il à s'ennuager, te voilà seul.*

— De belles leçons dont il n'aura pu profiter longtemps, constate le cardinal.

— Ses derniers mots, reprend Mazarin, furent pour sa mère, à qui il a écrit une lettre pleine de déférence dont voici un extrait qui vous intéressera, puisqu'il y est question de ses dettes... *Soit que vous obteniez du roi le bien que j'ai employé dans ma charge de grand écuyer, soit que cette faveur ne vous soit pas accordée, que vous ayez assez de générosité pour satisfaire à mes créanciers...*

Son Éminence a formé le chiffre 4 avec les doigts de sa main gauche.

— Quarante mille écus ! Voilà le montant astronomique de ses dettes, aimable souvenir pour sa mère. Car l'État n'a pas à payer pour ses écarts. Que cette lettre soit remise à la marquise d'Effiat. Elle ne doit pas être privée du seul témoignage d'affection qu'elle aura reçu de son fils, qui se soucie bien opportunément de son existence. Laissons-la dans son château de Chilly le temps de régler ces affaires, avant de la renvoyer sur ses terres de Touraine.

Mazarin acquiesce avant de poursuivre.

— Selon les consignes données, vingt compagnies de soixante bourgeois chacune ont été rassemblées sur la place des Terreaux où des milliers de personnes se pressaient, de tous âges, de toutes conditions. La foule agglutinée aux abords a freiné l'avancée du carrosse.

— Comment a-t-on réagi ? s'inquiète le cardinal.

— Avec calme. Aucun applaudissement. Aucune huée non plus. La crainte inspirée par ces hommes en armes n'y fut sans doute pas étrangère.

— N'a-t-on rien dit vraiment contre moi ?

À cet instant, Mazarin a une hésitation.

— Si, une rumeur a couru. On a prétendu que le bourreau avait pris vos traits et que les pans de votre manteau rouge flottaient au-dessus de l'estrade.

— Très bien..., tousse Richelieu. Cet effroi que j'inspire me rassure... La suite !

Mazarin se racle la gorge. Il a pris froid durant le voyage. Sa voix fatigue.

— Dans le carrosse, entre deux prières, de Thou et Cinq-Mars se sont disputé la préséance sur l'échafaud. Le premier a fait valoir qu'il était le plus âgé, le second qu'il était le plus coupable. Le père Malavalette a décidé que M. le Grand devrait ouvrir la voie. Celui-ci semblait calme, soulagé, presque gai. Il portait un bel habit de drap de Hollande fort brun couvert de dentelles d'or, un manteau écarlate avec de gros boutons d'argent...

— Jusqu'au bout, le soin de sa garde-robe, l'interrompt le cardinal. Ce besoin de séduire ! Avait-il les mains liées ?

— Il avait obtenu qu'on les libère pour lancer des baisers à la foule, où l'on prétend que se trouvait la princesse de Gonzague, dissimulée sous une capeline.

— La princesse ? Il est vrai qu'au théâtre elle apprécie la tragédie. Son comédien a bien mal fini. Continuez !

— Cinq-Mars a demandé au peuple de prier pour lui, puis il a pris le crucifix pour le baiser, ne le lâchant pas, comme s'il voulait mourir avec lui. Enfin, il a été prêt. La tête sur le billot, il a encore eu le temps de dire : *Si j'avais à vivre plus longtemps, je serais différent de ce que j'ai été, mais mon Dieu...* Là-dessus, il s'est interrompu, réclamant de nouveau le crucifix, qu'il a tenu de la main droite tandis que de la gauche il enserrait le poteau. Quand il a eu fini de prier, il a interpellé l'exécuteur : *Qu'attends-tu ?*

Le Temps des trahisons

C'est un malheur que l'homme de Lyon, ce jour-là, ait eu la jambe cassée. Pour le bourreau, nous n'avons trouvé qu'un vieux portefaix, qui craignait son propre couperet. Il a dû s'y reprendre à trois fois.

Un silence s'établit entre les deux hommes. Un silence de mort. Mazarin reprend son souffle. Richelieu voit la tête de Cinq-Mars se détacher de son tronc.

— A-t-il crié ?

— Un seul « Ah ! », me semble-t-il, que le sang a vite étouffé. La foule, elle, a laissé échapper une grande clameur lorsque la hache s'est abattue.

— Il faut bien qu'elle s'exprime, commente le cardinal. Et la tête ?

— Elle a roulé, fait un demi-tour, s'immobilisant, les yeux tournés vers le ciel, les mains étreignant toujours le poteau dont on les a détachées non sans mal. Il s'accrochait.

— Ils s'accrochent tous, lui répond le cardinal, qui estime à présent en savoir assez. Vous n'ignorez pas que mes jours sont comptés... Si, Mazarin, il n'est pas besoin de prétendre le contraire. Il me reste à voir le roi afin que toute cette affaire n'ait pas été réglée en vain. Un succès n'est rien si on n'en récolte pas les fruits. Et ces fruits vous sont destinés.

Il le fixe longuement d'un regard qui l'adoube. Mazarin aura bientôt à mener la barre de ce périlleux navire qu'est le royaume. Pour lui manifester sa confiance, Richelieu rédige devant lui une lettre à l'attention du roi : *Votre Majesté aura à la fois deux nouvelles bien différentes. L'une est la reddition de Perpignan, qui est la plus belle place de la terre pour la France. L'autre est l'exécution de M. le Grand et de M. de Thou, qui se sont trouvés si coupables au jugement de tous leurs juges qu'ils ne virent jamais un procès si clair. D'une part, la gloire du royaume, d'autre part, ses vilenies et ses périls surmontés.*

Un message d'une brièveté offensante. Mais cette concision dissimule un mensonge et un sous-entendu. Deux des juges n'ont pas voté la mort de Cinq-Mars et le ministre s'est juré de s'employer, jusqu'à son dernier souffle, à briser leur carrière. Quant à la clarté du procès, le terme est pour le moins obscur. Certes, il souligne que le jugement ne souffre aucune contestation, mais il suggère aussi que le cardinal a fait toute la lumière sur ce projet d'attentat contre sa personne. Un projet que le souverain n'a *clairement* pas découragé.

Où Richelieu prend quelques dispositions

Parti après l'exécution de Cinq-Mars, Mazarin n'a pu rapporter au cardinal les événements qui s'étaient déroulés ultérieurement. Les corps remisés dans un carrosse. Les têtes glissées dans des sacs après que l'on eut refermé leurs yeux qui s'obstinaient à demeurer grands ouverts. La foule mécontente du spectacle de cette jeunesse sacrifiée et qui a grondé après la dissolution des compagnies. Le bourreau pris à partie, malmené, puis poignardé, pour tout salaire de sa basse besogne. Le cadavre de Cinq-Mars abandonné aux autorités de Lyon, qui, pour s'en débarrasser, l'ont fait déposer au pied de la Croix-Rousse dans la discrète église des Feuillants.

La colère du cardinal ne s'est pas éteinte avec la mort de son ancien protégé. Malgré des forces toujours déclinantes, il parvient à dicter un long mémorandum sur l'affaire de Cinq-Mars, qu'il fait déposer dans les Archives royales afin que la mémoire ne s'en perde jamais. Le marquis y est qualifié de misérable, de démon, de créature infernale.

Puis il obtient du roi le renvoi de plusieurs officiers de sa garde. Jamais M. le Grand n'avait avoué leurs noms, mais Richelieu les a sans peine devinés, forçant Sa Majesté à s'en séparer.

Après avoir adressé une lettre au cardinal où il se réjouissait avec lui de la mort du plus grand traître de France, Monsieur a jugé plus prudent de se retrancher dans son château de Blois. Cette prudence n'a pas suffi. Le cardinal a préparé sa disgrâce et sa déchéance de ses droits au trône.

Quant à la reine, qui encaisse les dividendes de sa trahison, elle attend patiemment. Le temps joue en sa faveur, il va bientôt éclaircir le paysage et, avec la bénédiction de Richelieu qui entre deux maux choisira le moindre, lui laisser le champ libre.

Enfin, le cardinal retire à Jean et Charlotte d'Effiat les abbayes dont ils ne devaient le bénéfice qu'à leur frère. Seul l'époux de Marie d'Effiat, le maréchal de La Meilleraye, échappe à sa vengeance parce qu'il est le cousin de Richelieu : il lui est accordé le château de Chilly, que la marquise d'Effiat devra abandonner pour le remettre à son gendre. Elle quitte les lieux en ignorant qu'elle s'éloigne à jamais du cœur de son défunt mari, que le jeune Cinq-Mars avait enterré au pied d'un arbre juste en face de ses fenêtres.

Dans le village de Cinq-Mars, une équipe de démolisseurs s'attaque aux tours du château que le marquis a très rarement honoré de sa présence. L'enceinte qui avait enflammé son imagination d'enfant a vite lassé le marquis qui rêvait de parader dans des demeures plus royales. La destruction dure plusieurs jours. Les villageois, après de brèves hésitations, viennent prélever des pierres qui s'en iront consolider un mur ou une soupente. Puis des

Le Temps des trahisons

bûcherons se lancent à l'assaut des bois qu'ils coupent à la hauteur dite d'infamie. Ce nivellement doit signifier la disgrâce du seigneur félon. Là encore, les villageois s'emparent de cette manne inespérée. Peu importe que ce bois ait été déclaré infâme, il brûlera aussi bien qu'un autre. Cinq-Mars sert enfin à quelque chose, conclut Richelieu.

Où Richelieu et le roi règlent leurs comptes

Le cardinal a consenti à se déplacer jusqu'à l'hôtel d'Albret qui fait face au château de Fontainebleau. Mais il se refuse à franchir le seuil d'un lieu dont la sécurité ne lui est pas garantie. Des amis de Cinq-Mars pleins de rancune hantent encore ces galeries. Barricadé dans l'hôtel, sur un lit extraordinairement large, il patiente, des feuilles de papier éparpillées sur les couvertures. Il écrit, rature, quand la douleur ne l'oblige pas à lâcher la plume. Lorsque des coups résonnent à la porte, il se redresse sur ses oreillers. Le roi, annonce un garde. Une minute passe. Personne. Une autre minute. Le cardinal commence à nourrir quelque inquiétude. Ne serait-il pas tombé dans un piège ? Un remue-ménage se fait entendre. Le souverain se présente enfin, allongé lui aussi, mais sur une litière plus modeste, que deux valets déposent à côté du lit du cardinal. On s'occupe d'abord de son confort, puis le roi, d'un geste impatient, congédie ses domestiques. Les voilà seuls, silencieux. Est-ce l'émotion de se revoir, probablement pour la dernière fois ? Le silence s'éternise. Ils se scrutent, se jaugent, pour tenter de savoir qui des deux se porte le moins mal.

Comment vont les jambes de Son Éminence ? Mal. Ses bras ? Très mal. Ses poumons. Pis encore. Sa tête ? Très bien.

Ayant fait l'inventaire du corps de son ministre, le roi attend que celui-ci lui rende la pareille. Le cardinal le fait patienter puis, enfin, se lance.

Et que racontent les médecins à Sa Majesté ? Ce que lui racontent les siens, n'ont-ils pas à peu près les mêmes ? Le ponctionne-t-on souvent ? Toujours. Il s'écoule de toutes parts. Richelieu se met à tousser, puis repart à l'assaut. Le corps est comme un royaume, si l'on ne tranche pas le mal, celui-ci gagne ses membres.

— Certes, admet le roi, mais il est plus facile de trancher chez les autres que chez soi…

Une allusion à Cinq-Mars ? Le cardinal ne la relève pas, préférant évoquer les paris qu'on engage à la Cour. Qui de lui ou de Sa Majesté rejoindra en premier les cieux ?

— Et sur qui miserez-vous ? s'informe le souverain.

— Les règles de la préséance, déclare le cardinal, voudraient que vous me précédiez, mais souffrez que, pour une fois, je vous devance.

Le roi apprécie l'attention, puis soupire. Si leurs ennemis savaient en quelle déchéance ils sont tombés. Mais seul Dieu les voit.

— En êtes-vous si certain ? l'interroge le cardinal. Ces ennemis ont aussi des yeux, ils sont partout et j'ai tout lieu de croire que les amis de votre ami pourraient profiter de ma visite.

Le roi se penche vers son ministre.

Le Temps des trahisons

— Si près de mon toit, s'en prendre à votre personne ? C'est m'insulter.

Mais certains aveux incitent le cardinal à le penser. Cinq-Mars a parlé. Il a même été éloquent.

— Vous voulez donc encore me tourmenter avec sa mort, déclare le souverain, hanté par le supplice de son favori.

Chaque nuit, il le voit marcher vers l'échafaud.

— Qui donc ?

Le roi s'indigne. Lui, l'homme d'Église, oublie-t-il si vite les hommes qu'il supprime ?

Richelieu l'interrompt. Toute son action a conduit à lui faire sentir la différence entre Dieu et le royaume, entre la foi et l'État. L'avenir de la France est à ce prix. M. le Grand a beaucoup parlé, répète-t-il.

— Mais a-t-il avoué ? riposte le souverain. Et faut-il croire tout ce qu'il a pu formuler sous la contrainte ?

La question est balayée par le cardinal.

— C'est que revenaient dans ses paroles les mêmes aveux. Il prétendait que j'étouffais votre gloire et que vous ne le démentiez pas. Quand il me rabaissait, vous ne songiez pas à me relever...

Le roi l'arrête.

— Ai-je un jour méconnu vos mérites ? J'ai appris de vous qu'il ne faut pas toujours contredire.

— Jusqu'à donner à penser que la France se porterait mieux, débarrassée de ma présence ? Qu'un bon coup de stylet pourrait être une solution ? Si vous n'avez pas dit oui, sire, vous n'avez pas dit non.

Le roi est pris d'une longue toux. Le cardinal le laisse s'étouffer.

— Votre Éminence, j'ignore la matière que vous évoquez...

— Vous l'ignorez, sire ?

— Oui, je l'ignore et je ne veux pas que vous en doutiez.

— Confirmez-vous, sire, ce que Cinq-Mars nous a avoué ?

Le roi s'insurge. Est-ce un interrogatoire ? L'a-t-on fait venir pour mener son procès ? Où sont ses juges ? Ou s'agit-il d'une affaire extraordinaire que lui, le cardinal de Richelieu, a décidé de conduire seul ?

Il dévisage son ministre, qui soutient son regard, forçant le roi à détourner les yeux vers la fenêtre. Devant elle trône un volumineux bouquet de roses dont la couleur rouge rappelle au monarque la tête de Cinq-Mars tombée de l'échafaud.

— Confirmez-vous, sire, les propos du marquis ? reprend le cardinal.

— Oubliez-vous qui je suis ?

— Jamais moins qu'en cet instant, sire, mais il semble que vous aviez oublié qui j'étais. Un homme qui, pour vous, a enduré l'injure, accepté l'opprobre, renoncé à l'estime...

— L'Histoire, Votre Éminence, l'Histoire vous en remerciera...

— L'Histoire, sire, d'autres l'écriront. Pour toute récompense de mes sacrifices, voilà ce que j'ai obtenu : Cinq-Mars, votre défiance, votre faiblesse.

Le roi lève le bras. Il paraît demander grâce.

— Laissons s'éloigner ces sombres souvenirs...

Mais Richelieu ne le lâche pas.

— Votre silence m'ouvre des abîmes plus sombres encore...

— Alors, Votre Éminence, refermons-les.

Ils toussent de concert. C'est même à qui toussera le plus fort sur les draps bientôt maculés de leur sang. Le roi est le premier à retrouver sa voix. Puisque la fin les menace, il propose d'en revenir à des temps plus heureux. Leur première rencontre. Il n'avait pas encore quatorze ans et...

Le cardinal l'arrête : pense-t-il pouvoir se consoler du présent en fuyant dans le passé ?

— Ne voulez-vous donc jamais être consolé ?

— Puisque vous souhaitez, sire, évoquer ce temps-là, je rappellerai que j'ai toujours œuvré pour que vous soyez en bonne intelligence avec la reine votre mère.

À ce nom, le souverain pousse un soupir.

— Seul le roi l'intéressait en moi. Enfant, j'attendais en vain ses caresses...

— Je vous ai aidé à vous délivrer de son emprise..., répond le cardinal.

— Pour retomber sous la vôtre ?

Le ministre encaisse en silence.

— Assez, fait le roi, le passé non plus ne nous est d'aucun réconfort.

Un présent compromis. Un passé gâté. Il leur reste l'avenir. Richelieu se saisit avec peine de la feuille qui reposait sur ses genoux.

— Ah, vos papiers ! Toujours des papiers !

Richelieu fait mine de n'avoir rien entendu. *Il serait bon que vous preniez l'engagement de n'avoir d'autre favori que le bien de vos affaires...*

Le Temps des trahisons

Le roi secoue la tête. Est-ce un acquiescement ? vérifie le cardinal. Il n'obtient pas de réponse et reprend : *Que vous n'accordiez votre confiance qu'aux membres de votre Conseil, sans leur dissimuler les critiques dont ils feraient l'objet, leurs auteurs devant être punis si elles se révélaient mensongères...* Le roi soupire d'agacement, mais aussi de douleur. *Que vous gardiez inviolablement le secret du Conseil...* Nouveau soupir. *Que vous permettiez à votre Conseil d'exprimer librement ce qui paraîtra utile à votre service.* Le roi acquiesce en agitant la main. Richelieu précipite sa lecture, le souffle court. *Que vous ayez soin de bannir de la Cour les esprits malintentionnés pour prévenir l'effet de leur malice...*

Son menton retombe sur sa poitrine. Le roi prend appui sur le rebord de son lit pour se pencher, il se contorsionne, mais le visage de son ministre s'est affaissé de l'autre côté. Sa canne ne lui est d'aucun secours, son bras tremble trop. Richelieu ne s'est aperçu de rien. Le souverain se retourne, songeant à faire appeler les gardes pour qu'ils viennent vérifier l'état du cardinal, puis il renonce et se contente d'observer son ministre inconscient. Mais ce spectacle lui est trop pénible. Il laisse son regard flotter dans la pièce jusqu'au bouquet de roses rouges. Deux vieux lutteurs exténués qui ont roulé ensemble vers le précipice, voilà à quoi ils ressemblent. Vont-ils reprendre le combat au risque de basculer dans le vide ?

— La méfiance, Éminence, est-ce donc là tout ce qu'il nous reste, alors que nous avons si longtemps veillé sur la France ?

Sa question est allée mourir jusqu'au mur du fond.

— Quelle réponse pensez-vous donner à ce mémoire ?

Sans même redresser la tête, le ministre a parlé, d'une voix d'outre-tombe.

— Vous appelez mémoire, conteste le roi, ce qui n'est qu'un ultimatum.

— Je ne songe, répond le cardinal, qu'à mettre un peu d'ordre avant mon départ...

— Je vous obéis et vous me quittez quand même...

— Nous nous sommes déjà quittés, corrige le ministre.

— N'en avez-vous donc jamais assez ? La politique. L'État... Il me semble que nous ne respirons plus le même air...

— Sire, nous avons également bien de la peine à respirer.

Lui a-t-il cloué le bec ? Mais le roi veut avoir le dernier mot.

— Je croyais aller mieux en vous rendant visite. Or, vous êtes plus épuisant qu'une armée d'Espagnols.

Le roi attend une réponse. Rien ne se fait entendre, sinon leurs poitrines oppressées qui cherchent un peu d'air. Il frappe le sol de sa canne pour rappeler ses valets. Personne ne vient. On les a abandonnés. Alors, ils continuent.

— Éminence, si je vous ai causé tant de souffrances...

— Ne les évoquons plus..., l'interrompt Richelieu.

— Pensez-vous, dit le roi, que là-haut – et il regarde les cieux – nous pourrions poursuivre cette conversation ?

Le cardinal hausse les épaules.

— Vous rejoindrez les gisants de France à Saint-Denis, j'irai dans ma chapelle de la Sorbonne...

Le Temps des trahisons

— Sans État, sans ennemis, Éminence, vous risquez de vous ennuyer, à moins qu'au Ciel aussi vous ne preniez les choses en main. Toutes ces années. Et pour quoi ?

— L'Histoire le dira, conclut le ministre.

Les valets sont enfin réapparus, les cheveux en désordre, le pourpoint défait, comme s'ils s'étaient également disputés. Le roi leur fait signe. Alors que sa litière franchit le seuil, on l'entend encore murmurer :

— Une autre fois peut-être, nous nous connaîtrons mieux.

Où Mazarin recueille d'ultimes confidences

Du fond de la chambre s'élève un léger râle. Le médecin qui s'affaire autour du lit pousse un cri. Mazarin s'est approché à pas de loup. Il prend un siège, puis se penche, l'oreille tendue vers le souffle qui s'échappe des lèvres du moribond.

— Ah, c'est vous ! J'ai cru qu'on venait m'étouffer.

Mazarin tente d'arranger les coussins.

— Le meurtre, Éminence, depuis la mort de Cinq-Mars, ne vous quitte plus.

— C'est que Cinq-Mars agitait des pensées criminelles que le souverain n'a pas désavouées... qu'il a même encouragées. Le véritable traître... pas Cinq-Mars, mais le roi. En signant le mémorandum, il a cédé à ma demande comme... cédé à cet intrigant... Rattrapé une faiblesse par une autre faiblesse.

Les propos de Richelieu ne sont plus que des hoquets, des saccades de mots dont certains sont engloutis. Mais il ne perd rien de sa lucidité, songe Mazarin. A-t-il donc pu faire toute la lumière ?

— J'ai encore ici – et il désigne sa gorge – l'amertume de nos discours... Je finis dans un champ de ruines. Deux parfaits étrangers éloignés par... souvenir... confiance passée... Cette confiance... vous faudra conquérir. J'ai pris toutes dispositions. Hier, le roi... une déclaration... vous assure la conduite de ses affaires.

Mazarin le remercie par une révérence que le mourant ne peut plus remarquer.

— C'est une bien haute charge qui m'attend et un redoutable honneur de vous succéder, murmure-t-il pour lui-même.

— Méfiez-vous de ce roi... l'envie de régner seul... ne sait pas le demeurer ! Sa susceptibilité... ses démonstrations d'amitié... Gardez-vous. L'homme est tout en dérobades. Il m'a quitté navré et pourtant... Mon trépas rallonge sa vie.

On a rapporté à Mazarin que le souverain, pourtant très affaibli, s'était déplacé de nouveau, pour jouir sans doute du spectacle de son ministre plus affaibli encore. Cette fois-ci, ils ne se sont rien dit. Un peu plus tard, on a surpris le roi dans les couloirs du palais, ricanant devant les tableaux du cardinal.

— Éminence, je ne peux me défendre d'éprouver pour ce roi, malgré ses faiblesses, une étrange affection.

— Soyez-en économe, s'agite le cardinal. Pour l'État... l'affection... mauvaise conseillère. Tranchez.

Il fait un geste véhément.

— Et si on proteste, tranchez encore.

Mazarin hoche la tête. Il devine déjà qu'il n'aura pas la fermeté de son maître et qu'il lui faudra adopter d'autres stratégies. Le cardinal lui fait signe d'approcher. L'Italien courbe le dos dans une position inconfortable, qu'il n'ose plus quitter.

— Haines, cabales... votre pain quotidien... Des millions de sujets... de mécontentement. Au sommet de l'État... en pire condition que des coupables...

Mazarin note fébrilement sur un carnet qu'il a sorti de sa poche.

— ... Les Français... bêtes indociles. Savent ce qui est bon... ne pratiquent jamais... Paresse... folle impatience. Le Français est vaillant... pour intriguer... s'il faut attendre... braille comme un enfant qui a faim...

Tout en griffonnant, Mazarin hoche la tête. Comme il les a bien observés, se dit-il en recueillant ces dernières gouttes d'un breuvage qu'il juge sacré.

— ... Faire croire au Français qu'il est libre... il vous obéira. Sinon... ne pense qu'à vous échapper. Règle et discipline... impossibles... Aucun maître... qu'à sa tête... Penser contre les Français... Faire croire... vous allez dans leur sens. Point d'autre salut.

Le flot s'est interrompu. L'Italien, qui n'ignore pas le pessimisme de son ministre, s'effraie de ce pays ingouvernable qu'on lui laisse à gouverner.

Veut-il encore un peu de ce vin pour mouiller ses lèvres ? Mazarin se saisit d'un carafon et humecte un mouchoir dont il tapote les lèvres du cardinal, qui murmure. Encore ! Il retient sa main. Je brûle ! Les flammes de l'enfer ! Elles sont réservées à vos ennemis, Éminence...

— On me délivre enfin... L'ambition qui a guidé ma vie... Je pars... Rejoindre Dieu... qui voit tout... N'être plus rien... Accepter... Pour les vertus du royaume... Si... Dieu vous trouvera en paix...

Le Temps des trahisons

Richelieu retombe, épuisé par cette dernière tirade. Puis il se redresse. Comme le lion... Dormir les yeux ouverts ! Je saurai m'en souvenir. Mais encore un mot, Éminence... Vite... Le pouvoir. Pourriez-vous m'en décrire les ivresses ?... Le pouvoir, ah... Vous aussi, vous voulez savoir ?

La source s'est tarie. Il ferme les yeux, laissant Mazarin seul sur ce mystère.

Où le peintre met la dernière main à son œuvre

Philippe de Champaigne fait signe aux domestiques de le laisser. Il vient d'entrer dans la chambre du cardinal avec son chevalet et, après avoir disposé la toile à quelques pas du lit, il se met au travail. Ce n'est qu'une esquisse, mais le temps presse. Sa main est ferme et se déplace avec aisance sur le croquis de la silhouette allongée qu'il a sous les yeux. L'homme le plus redouté de France gît à présent telle une bête renversée sur le dos, impuissante. Jamais il n'avait pensé pouvoir disposer d'un tel modèle. Il agite la tête d'un air satisfait, ne s'interrompant que pour apporter un flambeau qui brûle devant la fenêtre et qu'il dépose auprès de ses feuilles.

Après un long moment consacré à son ouvrage, il se relève pour se pencher au-dessus du lit, une loupe plaquée contre son œil. Richelieu n'est déjà plus qu'un sujet de peinture. Champaigne retourne à sa place pour un complément de quelques touches. Lorsqu'il contemple le premier rendu, un sourire se dessine sur ses lèvres. Il a enfin restitué cette humanité du cardinal recherchée depuis si longtemps. Il se ravise et rapproche le trépied en le traînant sur le parquet, ce qui provoque la chute de l'un de ses pinceaux. Le bruit a fait tressaillir les draps. Champaigne remarque un léger mouvement dans les doigts de la main droite. Il avance pour mieux observer.

— Là, êtes-vous enfin satisfait ?... Vous m'avez enfin à...

Le peintre recule, comme s'il venait d'entendre parler un mort...

— Je ne verrai pas votre tableau fini...

Champaigne attend la suite. Mais un long râle étouffe la respiration du cardinal. Revenu s'asseoir, le peintre se concentre pour décrire la toile qu'il a sous les yeux.

— L'effet est admirable, Votre Éminence. L'ensemble traduit au mieux les efforts que vous avez déployés durant votre existence, l'intransigeance dont vous avez fait preuve, la grandeur de vos sacrifices, l'apaisement qui naît du devoir accompli.

Champaigne s'exprime avec une facilité qui le surprend lui-même. Il est au sommet de son art et les mots, enfin, lui viennent aisément.

— Vous constaterez, ajoute-t-il, que la vérité n'est pas réservée à la politique.

À peine les a-t-il prononcés qu'il regrette ces derniers mots maladroits.

— Même mort, je paraîtrai vivant... Je vous l'avais dit... Vous avez raison... Mourir sous votre pinceau... quand d'autres meurent sous...

Il ne terminera pas sa phrase. Champaigne ne paraît pas s'en apercevoir, préoccupé par un détail des doigts qu'il juge raté.

Le Temps des trahisons

— Desserrez votre main, Votre Éminence... Relâchez-vous...

Son Éminence ne se relâche pas. Le peintre hésite. Prendra-t-il la liberté ? Il se relève et tend le bras pour desserrer les doigts qui sont déjà glacés. Saisi d'un frisson, Champaigne retourne à son chevalet afin d'achever son travail. Son modèle est désormais tout à lui.

Personnages

Frédéric Maurice de La Tour d'Auvergne, duc de Bouillon (1605-1652) : prince de Sedan, proche des Nassau hollandais, ce maréchal de camp prend les armes contre la France avec le comte de Soissons lors de la bataille de la Marfée. Il cède Sedan en 1642 et s'engage ensuite dans la Fronde.

Philippe de Champaigne (1602-1674) : peintre officiel de la cour royale, il fait le portrait du roi et est seul autorisé à représenter le cardinal de Richelieu, ce qu'il fait à onze reprises.

Gaspard III de Coligny, duc de Châtillon (1584-1646) : maréchal de France, ce petit-fils de l'amiral de Coligny dirige les troupes du roi lors de la prise d'Arras, en 1640, puis lors de la défaite de la Marfée, en 1641.

Léon Bouthillier, comte de Chavigny (1608-1652) : à partir de 1632, il dirige avec son père les Affaires étrangères du pays, pour le compte du cardinal de Richelieu dont il est l'un des principaux collaborateurs. À ce titre, il remplit de nombreuses missions de confiance.

Louise de CHÉMERAULT (1618-1679) : demoiselle d'honneur de la reine Anne d'Autriche, elle espionne pour le compte de Richelieu et est brièvement la maîtresse du marquis de Cinq-Mars.

Henri Coiffier de Ruzé d'Effiat, marquis de CINQ-MARS (1620-1642) : fils du maréchal d'Effiat, ami et ministre de Richelieu, qui le prend sous son aile pour lui confier des charges prestigieuses auprès du roi.

Marion DELORME (1613-1650) : issue de la noblesse de robe, cette courtisane règne avec Ninon Lenclos sur le Paris galant des années 1630. On lui prête de nombreuses liaisons, dont celle, plus durable, avec Cinq-Mars, dont elle a plusieurs enfants.

Louis d'Astarac, vicomte de FONTRAILLES (1600-1677) : proche de Gaston, duc d'Orléans, frère de Louis XIII, il participe à plusieurs conspirations contre Richelieu pour le compte de son maître. Il fuit la France pour l'Angleterre en 1642 avant de revenir à Paris après la mort du cardinal.

Marie de GONZAGUE (1611-1667) : princesse héritière de la famille Gonzague-Nevers, elle est un temps la maîtresse de Cinq-Mars, qui échoue à l'épouser. Après la mort de Louis XIII, elle épouse successivement deux rois de Pologne.

Le Temps des trahisons

Marie de Hautefort (1616-1691) : dame d'atour de la reine Anne d'Autriche, elle est la maîtresse platonique du roi Louis XIII dans les années 1630 avant de tomber en disgrâce en 1639. Elle incarne le parti espagnol, opposé à Richelieu.

Charles d'Esmé de La Chesnaye : valet de Richelieu, il est aussi l'un de ses principaux hommes de main.

Louis XIII (1601-1643) : il accède au trône à l'âge de neuf ans à la suite de l'assassinat de son père, Henri IV. Après une longue régence assurée par Marie de Médicis, il assure la plénitude de sa charge, perturbée par de violents conflits avec sa mère.

Jules Mazarin, cardinal (1602-1661) : d'origine romaine, il fait la rencontre de Richelieu en 1630. Nonce du pape en France, il remplit quelques missions diplomatiques avant de revenir à Paris en 1639 et de commencer à travailler auprès de son ministre. Naturalisé français, il est fait cardinal en 1641 par le pape.

Gabriel de Rochechouart, marquis de Mortemart (1600-1675) : proche du roi Louis XIII, dont il est un compagnon de jeu durant l'enfance, il garde la confiance du cardinal de Richelieu. Il est également le père de la future Mme de Montespan.

Gaston, duc d'Orléans (1608-1660) : frère cadet de Louis XIII, ce prince du sang, qu'on nommait Monsieur, se met à conspirer contre son frère et Richelieu à partir de 1630, puis contre Mazarin et Louis XIV lors de la Fronde, en 1648. Il termine sa vie en exil dans son château de Blois.

Armand Jean du Plessis, cardinal de RICHELIEU (1585-1642) : il est associé à la gouvernance du pays à partir de 1624, d'abord avec la reine mère, Marie de Médicis, puis seul avec Louis XIII, après la journée des Dupes, en 1630, où la régente est écartée.

Louis de Bourbon, comte de SOISSONS (1604-1641) : cousin de Louis XIII, prince du sang, il participe à un premier complot contre Richelieu en 1636 puis mène les troupes de la rébellion contre le roi à la Marfée, où il triomphe avant de mourir accidentellement.

François SUBLET DE NOYERS (1589-1645) : il prend la tête du secrétariat d'État à la Guerre à partir de 1636, et y restera jusqu'à la mort de Richelieu, en 1642.

François Auguste de THOU (1604-1642) : lié à Gaston d'Orléans, le frère de Louis XIII, ainsi qu'à la reine Anne d'Autriche, il paye de sa vie sa participation, aux côtés de Cinq-Mars, à la conspiration de 1642. Il est exécuté à Lyon en même temps que le marquis.

Table

Avant-propos 9

Où l'on fait connaissance 11
Où l'on récite diverses poésies 15
Où le roi est dans un mauvais jour 23
Où le roi prie avec ferveur 25
Où le roi passe du coq à l'âne 27
Où Cinq-Mars tourne de jolis compliments 31
Où la situation se tend 35
Où Cinq-Mars se fait un nouvel ami 39
Où le roi rend visite à son fils (et à son épouse) 43
Où Cinq-Mars fait une étrange découverte 49
Où Cinq-Mars éprouve son pouvoir 55
Où le roi se montre inflexible 59
Où Richelieu dispense quelques conseils 61
Où le roi est le sujet d'un tableau 63
Où le roi et Cinq-Mars se disputent 67
Où Cinq-Mars reçoit quelques soins 71
Où Cinq-Mars n'en fait qu'à sa tête 75
Où Cinq-Mars négocie habilement 79

Le Temps des trahisons

Où Richelieu est fort mécontent	85
Où le roi implore le secours de Richelieu	89
Où Richelieu passe un savon	95
Où Cinq-Mars connaît quelques mésaventures	97
Où le roi se console avec un tableau	103
Où le roi et Cinq-Mars font la paix	107
Où Cinq-Mars s'en va-t-en guerre	111
Où Cinq-Mars déclame du Corneille	115
Où Richelieu tente une contre-attaque	117
Où Richelieu ne s'avoue pas vaincu	119
Où Cinq-Mars se lance à l'assaut	123
Où Richelieu devient journaliste	127
Où Richelieu ose une manœuvre périlleuse	129
Où Cinq-Mars rétablit la vérité	133
Où un diable fait son apparition	135
Où Cinq-Mars vise un peu plus haut	139
Où Richelieu décoche une flèche	143
Où une coalition fait parler d'elle	147
Où Cinq-Mars se livre à une étonnante démarche	151
Où intervient un retournement de situation	157
Où il est question d'une croisade	161
Où l'on traverse Paris pour comploter	165
Où l'on est au cœur du complot	169
Où Richelieu voit triple	175
Où un Italien fait son entrée	179
Où le roi donne de l'espoir à Cinq-Mars	185
Où les conjurés font de la couture	189
Où le roi se souvient d'un assassinat	193
Où Richelieu livre bataille à un moustique	197
Où Cinq-Mars manque une occasion	201
Où Richelieu reçoit une visite inattendue	205

Le Temps des trahisons

Où Richelieu rédige plusieurs lettres 211
Où le climat se refroidit 217
Où Mazarin rend une visite de courtoisie à la reine... 221
Où l'on apporte enfin la preuve 227
Où cela sent le brûlé... 233
Où le roi apprend la triste vérité 237
Où Cinq-Mars se met à l'abri 241
Où Cinq-Mars se réveille en sursaut...................... 245
Où le roi apprend une bien désagréable chose 249
Où le roi et Richelieu ont une première explication ... 253
Où Richelieu traverse la France............................. 259
Où Mazarin raconte son voyage à Richelieu 261
Où Richelieu prend quelques dispositions............... 269
Où Richelieu et le roi règlent leurs comptes 273
Où Mazarin recueille d'ultimes confidences 281
Où le peintre met la dernière main à son œuvre.... 285

Personnages.. 289

Composition et mise en pages
Nord Compo à Villeneuve-d'Ascq

Impression réalisée par CPI FIRMIN-DIDOT
Mesnil-sur-l'Estrée (Eure), en juin 2023

N° d'édition : 5023/01 - N° d'impression : 175526
Dépôt légal : septembre 2023

Imprimé en France